令和版

基礎から学ぶ!

スポーツ救急医学

輿水健治 著
埼玉医科大学教授

JN108587

ベースボール・マガジン社

はじめに

　2019年の11月にベースボール・マガジン社からメールが届きました。本書の改訂に関するお話しでした。振り返ってみれば、本書の1版が発刊されたのが2009年12月ですから、すでに10年が経過していました。これまで5回増刷しており、その都度ごく一部を修正してきましたが、私の中では既に過去のものとなっていました。10年前は、私もまだ現役のスポーツドクターとして活動していましたが、現在では勤務先の救急外来に運ばれてくるスポーツ外傷の患者さんにかかわる程度になっていましたから……。

　2008年北京オリンピックで女子ソフトボールチームが金メダルを獲得しました。関係者全員が長期計画に基づき選手を育成してきた成果だと思います。私自身もスポーツドクターとして関わることができたのは幸せなことでした。このときのエース

がご存じのように上野由岐子選手でした。上野選手は、その後も現役でエースとして投げ続けるとともに、将来の指導者を志し、指導者として求められるさまざまなことを勉強しています。その上野選手が今、東京オリンピック・パラリンピックでの金メダルを目指しチームを牽引しています。それはエースの立場ということだけではなく、若い選手を育てていく役割も担っているのだと私は思っています。

　私が最後にスポーツドクターとして世界大会に帯同したのは、2009年にチェコで開催された女子ソフトボールU-16の第1回国際大会でした。選手は中学生と高校1年生でしたが、今も日本のトップレベルで活躍している選手もいるのでしょう。しかし、2006年に北京で開催された世界選手権（私も帯同していましたが）では、上野選手はすでに世界No.1のエースとして

活躍し、チームメイトからも信頼されていました。それ以前から現在まで頂点にいる上野選手の精神力、技術力、体力は、まさに類をみないすごい力です。将来はソフトボールに限らず、日本のスポーツ界のリーダーになるひとだと期待しています。

　この本を書くきっかけは、ソフトボールと縁があり、ソフトボールを扱っていたベースボール・マガジン社につながっていったからだと思っています。2006年、2009年を思い出し、本書を改めてスポーツにかかわる指導者や選手、保護者、学校の先生などに読んでいただけるよう改訂に携わることにしました。上野選手のようなトップレベルの選手だけではなく、子どもから大人まで、競技スポーツから健康志向の方まで、sportの語源のようにスポーツを楽しむ多くの方々の愛読書になれば幸いです。

　改訂作業中に新型コロナウイルスの感染が世界に蔓延し、東京オリンピック・パラリンピックが延期ということになってしまいました。人類が新型感染症に打ち勝った証として、来年以降に開催される記念すべき東京オリンピック・パラリンピックが成功するよう祈念しております。

　　　　　2020年4月30日 輿水健治

CONTENTS

目次

本書は2009年に発行された書籍『基礎から学ぶ！　スポーツ救急医学』（小社刊）の内容に、経年によるスポーツ科学理論の進歩に応じた内容改訂を加えるとともに、全ページをリデザイン、カラー化したものです。

デザイン　サンゴグラフ
イラスト　スミイヨウコ、中田喜久
カバー写真　Getty Images
協　　力　日本光電株式会社
　　　　　　レールダル メディカル ジャパン株式会社
　　　　　　京都電子工業株式会社
　　　　　　テルモ株式会社
編　　集　西垣成雄、金子弥生

第**1**章

知っておきたい
基礎知識

スポーツ活動中にアクシデントが発生したとき、適切な判断、行動がとれるように、ケガをしたときの応急処置、突然心臓が止まって倒れた人へのCPRのやり方、突然死や心臓震盪につながる心室細動に対するAEDの使い方について学ぼう。

≪1 身体の解剖と生理

❘生命維持のシステム

呼吸・循環と代謝

　ヒトは生きていくために、個々の細胞が
エネルギー源を消費しながら、細胞内で化
学反応を営んでいます。植物は水分と太陽
光を利用して自らエネルギー源を産生でき
ますが、ヒトは外部から摂取して、それを
燃焼させてエネルギーとします。

　このときに酸素が必要なので、呼吸に
よって肺から取り込み、老廃物として二酸
化炭素を排出します。酸素は血液によって
身体中に運ばれますが、心臓がポンプの働
きをします。

　エネルギー源や体を作る原料となる炭水
化物、タンパク質、脂肪は口から摂取され、
消化器系によって消化・吸収されます。肝
臓は吸収された栄養素から、種々のタンパ
ク質やグリコーゲンを産生する工場です。
また、毒素など老廃物の処理工場でもあり
ます。老廃物は腎臓からも排泄されます。

神経系とホルモン

　こういった働きが過不足なく行われるよ
うに調節されていますが、それは神経系や
ホルモンによって支配されています。

　運動をしたときには、筋肉で大量にエネ
ルギーを消費します。酸素の消費が増大し、
二酸化炭素を大量に生み出します。すると、
脳の二酸化炭素感知器が異常を感知し、呼
吸数と換気量を増やすように命令を出しま

す。その結果、酸素の摂取量が増え、二酸
化炭素の排出が増加します。酸素を大量に
運搬するため、心拍数と1回の心拍出量
も増加して、血流量が増加します。これは
交感神経の働きによります。筋肉でエネル
ギーを大量に必要としますから、肝臓から
もグリコーゲンが動員されます。

　このように、運動負荷がかかるだけでも、
脳をはじめ自律神経系、ホルモン系によっ
て各臓器の働きを調節しています。そのほ
か、体温を一定に保つ、外界からストレス、
例えばウイルスが侵入すれば、免疫系が反
応するというように、さまざまなシステム
が働いています。

バランスの崩れ

　ところが、生理的反応が常によい方向に
働くとは限りません。運動負荷時に、自律
神経やホルモンの働きで、心臓の働きが促
進され、血圧も上昇します。このとき、当
然、心臓の負担は大きくなり、心筋の酸素
消費量が増大します。

　もし、心筋に酸素を供給する冠動脈に異
常（動脈硬化などによる狭窄や先天異常な
ど）があれば、血液の流れが不足して心筋
が酸素不足に陥ります。すると、狭心症や
心筋梗塞を起こし、場合によっては死に至
ることもあります。また、神経系やホルモ
ン系の働きで、心臓の働きを促進するカテ
コラミンが放出されますが、カテコラミン

により致死性不整脈（心室細動）も起こりやすくなります。

生と死を調整するシステム

こういった生命維持のシステム（図1）は、バランスが崩れると不調にとどまらず、死の危険を伴うこともあります。ストレスが加わったときに、身体は反応して身体機能を維持しようとしますが、生理的限界を超えると危険だということです。

生理的限界は、個人差やその日の体調によっても変化します。個人の健康状態、余力、日常の体調を把握しておき、ストレスを加えたときの反応を観察し、限界を超えた状況を早期に察知する能力を養うことが大切です。

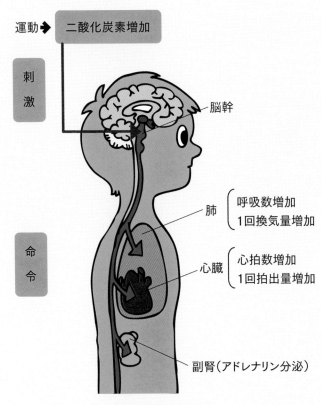

運動 → 二酸化炭素増加

刺激

命令

脳幹

肺 ｛ 呼吸数増加
1回換気量増加

心臓 ｛ 心拍数増加
1回拍出量増加

副腎（アドレナリン分泌）

図1 **生命維持のシステム**

2 呼吸・循環

酸素と二酸化炭素の交換

　ヒトは体内で炭水化物を燃焼させてエネルギーを産生していますが、このときに酸素を使用して二酸化炭素を排出します。酸素を体内に取り込み、二酸化炭素を外へ排出するのが呼吸器の働きです。酸素や二酸化炭素は血液によって運ばれますが、血液を送り出すのが心臓の働きで、血液は血管の中を流れます。血管と心臓を合わせて循環器といいますが、呼吸器と循環器が協調して、必要な酸素を細胞へ供給し、老廃物の二酸化炭素を排出しています。

酸素と二酸化炭素の交換

　呼吸器は、鼻腔・口腔から始まり、咽頭、喉頭を経て気管に達します（図2）。気管は左右の気管支に分岐し、その後、分岐を繰り返して肺胞に達します。肺胞は1つの大きさが直径約0.2mm、数は約3億個あり、その周囲に毛細血管といわれる細い血管が網目状に分布しています。全表面積はテニスコートほどの広さ（50〜100㎡）があり、肺胞内の空気と毛細血管内の血液との間で、酸素と二酸化炭素のガス交換が行われます。

　呼吸運動は主に延髄にある呼吸中枢によって調節されています。血液中の二酸化炭素濃度が上昇すると呼吸運動は刺激され、呼吸数と1回換気量（1回の呼吸で、肺に出入りする気体の量）が増加します。安静時には主に横隔膜の働きによって呼吸運動が行われていますが、努力性の呼吸になると肋間筋や腹筋も大きな役割を果たします。

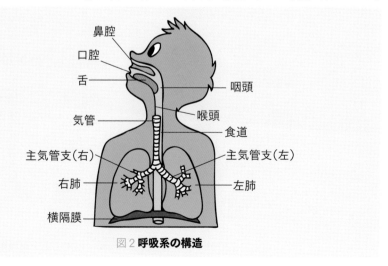

図2 **呼吸系の構造**

循環系

　循環系は、心臓と肺循環、体循環からなります。心臓には左右の心房と心室があり、右心房には全身からの静脈血（二酸化炭素を多く含む）が入り込み、そこから右心室に移動します（図3）。右心室からは肺動脈が出て肺胞周囲で毛細血管になり、ここで酸素を受け取り、二酸化炭素を放出することによって動脈血（酸素を多く含む）になります。

　ガス交換した動脈血は肺静脈によって左心房に戻ります。次に左心室に移動して、そこから全身に送り出されます。こうして全身の細胞に酸素を送ります。

　細胞に酸素を供給して、二酸化炭素を受け取り、右心房に戻ってきます。

　このようにして、肺でガス交換をする肺循環と全身の細胞でガス交換をする体循環とを繰り返すわけです。肺でのガス交換を外呼吸、細胞でのガス交換を内呼吸といいます。

　心臓の右心房にはペースメーカーがあり、心拍数を調節しています。ペースメーカーは自律神経（交感神経と副交感神経）に支配されていて、交感神経が働くと心拍数が増加し、心筋の収縮力も強くなります。副交感神経（迷走神経）が働くと心拍数は減少し、収縮力は弱まります。

　緊張したときにドキドキするのは、交感神経が働いているからです。運動負荷がかかったときも交感神経の働きによって、心臓から送り出される血液の量（心拍出量）が増加し、酸素摂取量を増やし、細胞への酸素供給を増やします。

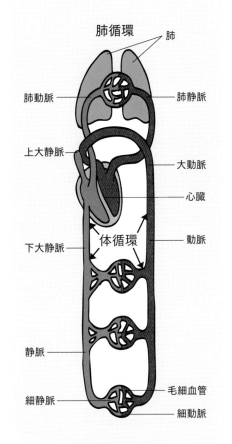

図3 **肺循環と体循環**

肺循環 ── 肺
肺動脈 ── 肺静脈
上大静脈 ── 大動脈
── 心臓
下大静脈 ── 体循環 ── 動脈
静脈
細静脈 ── 毛細血管
── 細動脈

3 脳

脳の4区分

脳は、大脳、間脳、脳幹、小脳の4つに区分されます。

大脳

大脳は左右の大脳半球に分かれて、例えば左の大脳半球は右半身の運動や感覚をつかさどっていますが、左右をつなぐ神経線維の束によって連絡しています。

大脳半球は大脳の表面にある溝をもとに、前頭葉、頭頂葉、後頭葉、側頭葉（図4）に大きく分けられます。前頭葉は理性や注意、情動に関する働きがあり、集中力や精神のコントロールに関係します。また、後方部分には運動の中枢があります。頭頂葉の前方には感覚の中枢があります。側頭葉は記憶や情動、視野に関係し、後頭葉には視覚の中枢があります。

このようにさまざまな機能を分担していますが、頭頂葉には多くの情報が入力され、それらに基づいて高度な思考・判断がなされます。つまり、眼や耳、肌などから感じる情報を総合的に判断し、瞬時に次にとるべき行動を決定し、命令を出すわけです。

大脳の深い部分には、大脳基底核といわれるところがあります。ここは小脳とともに運動の調節を行っています。筋肉の収縮力や速さを整えて、円滑な動きを作り出します。

間脳

間脳は、視床と視床下部からなり、大脳と中脳との間に存在し、身体各部からの情報が集まり、ここを経由して大脳に情報を送ります。また、大脳からの情報を身体各部に伝えます。

視床は意識（覚醒機能：目覚めていること）に関連しており、体の各部から受け取った情報によって、大脳の覚醒の働きに刺激を与えています。

視床下部には自律神経の中枢があります。交感神経や副交感神経のバランスを調節しており、食欲、体温調節、睡眠にも関与しています。また、下垂体からのホルモン分泌の調節も行っています。

脳幹

中脳、橋、延髄を、脳幹と総称します。意識（覚醒機能）に関連し、呼吸、循環を調節する機能もあります。

大脳からの運動にかかわる神経や、身体からの感覚にかかわる神経が通過し、延髄の部分で左右の神経が交差します。ですから、右の大脳病変では左の身体麻痺が出現します。

また、脳神経といって、嗅神経、視神経、眼球の運動に関係する神経、三叉神経、顔面神経、聴神経、迷走神経など12対の神経の起点があります。

小脳

　小脳は脳の下部に位置しています。脳のなかで大脳に次いで2番目に大きな脳であり、成人で120〜140gの小脳の内部に、脳全体の半数近くの神経細胞が存在しています。

　運動に関係したところで、身体の平衡感覚や姿勢制御をつかさどっており、筋肉運動の微調整をしたり、運動パターンを学習したりしています。

　障害を受けると、平衡感覚が障害され、ふらつきが強くなります。

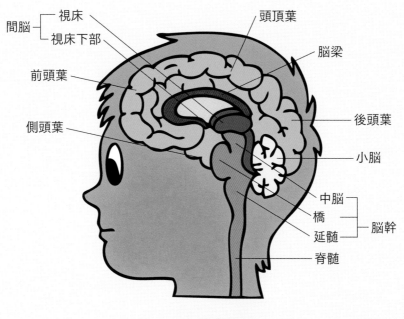

図4 **大脳半球正中断面**

ネットワークの発達と運動

　脳はこのように各部署がそれぞれの働きをもっていますが、各々の部署は連携して、思考・判断も含めた統合がとれた１つの動きを作り出します。神経細胞同士はシナプスと呼ばれる構造で連携をとります。このネットワークは訓練によって発達し、スピーディーになっていきます（図5）。

　繰り返し同じ動作を練習することにより、その動作は上達しますが、このシナプスのネットワーク形成も大切です。動作の意義を脳で考えながら練習することにより、ネットワーク形成は発達しやすくなります。何も考えずに言われたままに動作だけを繰り返していては、ネットワークの発達は進みにくくなります。

　また、運動の巧みさに関係する脳の発達は、小学生時期に最も顕著です。したがって、この時期に巧みな動きを繰り返し練習することはとても効果的です。

　小学生時期は基本動作だけを繰り返し指導する傾向にありますが、高度な動きを含めた練習も有効です。また、１つの競技に偏った練習ではなく、複数の競技を経験することによって、複雑なネットワークを形成することができます。

　例えば、野球を志していたとしても、サッカーやバスケットボールといった、異なる競技の練習も取り入れてみてはいかがでしょうか。同じ部位を酷使することによるスポーツ障害の予防にもつながります。

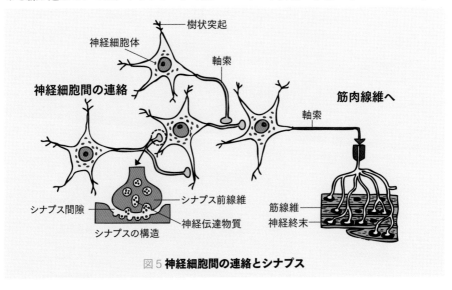

図5 **神経細胞間の連絡とシナプス**

≪2 創傷処置

1 はじめに

　スポーツにおいては、十分に注意をしていても完全に外傷を防ぐことはできません。そのため、ケガをした直後の応急処置が大切になります。

　ここでは創傷処置をするときの基本的な知識と手技を紹介します。

2 感染に対する予防策

出血を伴う外傷処置の留意点

　ヒトの体液（血液や唾液、痰など）には、病気の原因となる微生物が含まれていることがあります。例えば、肝炎やエイズなどは、原因となるウイルスが体液を介して感染します。ですから、出血を伴う外傷の処置を行うときは、こういった病気が感染する危険があります。また、症状がなくても潜在的にウイルスが血液中に存在することもあります。そこで、出血を伴う外傷の応急処置を行うときは、常に感染を予防することを心がける必要があります。

　病院などにおける感染予防には標準的感染予防策（スタンダードプレコーション：表1）といわれるものがありますが、現場での応急処置に即した方法を説明します。

手袋の使用

　ウイルスは健常な皮膚から感染することは稀です。しかし、皮膚に創（傷）があるときは、たとえそれが目に見えないような小さなものであっても、そこからウイルスが感染することがあります。そこで、応急処置を行う人は必ず手袋をして、直接血液に触れないようにします。

表1 **スタンダードプレコーション**（標準的感染予防策）

❶手洗い	感染源となりうるものに触れたあと、手袋を外したあと、次の患者に接するとき、普通の石けんを使って行う。
❷手袋	感染源となりうるものに触れるときや患者の粘膜や傷のある皮膚に触れるとき、清潔な手袋を着用する。使用後、もしくは非汚染物やほかの患者に触れるときは、手袋を外し、手洗いする。
❸マスク・ゴーグル・フェイスマスク	体液・体物質等が飛び散り、目・鼻・口を汚染する恐れのある場合に着用する。
❹ガウン	衣服が汚染される恐れのある場合に着用する。汚染されたガウンはすぐに脱ぎ、手洗いをする。
❺器具	汚染した器具は、粘膜・衣服・環境を汚染しないように操作する。再使用するものは、清潔であることを確認する。
❻リネン	汚染されたリネン類は、粘膜・衣服・ほかの患者・環境を汚染しないように操作し、適切に移送・処理する。

病院や救急現場などで使われている、使い切りタイプのプラスチック製あるいはラテックス製の手袋が便利です（図1）。これからは救護バッグに備えておくようにしましょう。手袋の準備ができていないときは、ビニール袋で代用してもよいでしょう。

　処置が終わったら血液に直接触れないように、手袋を裏返しにしながら外します。使用済みの手袋や血液が付着したガーゼなどは、ほかの人が触れることのないように、ビニール袋に入れてから処分してください。病院を受診する場合は、病院に処分をお願いしてもよいでしょう。

　忘れてはいけないのが手洗いです。手袋を外してビニール袋に入れたあとは、石鹸と水道の流水で、指先や指の間などていねいに手を洗ってください（3章の呼吸器感染症の項を参照）。水道がないところでは、擦り込み式の消毒剤が便利です（図2）。

ゴーグルとマスク、ガウンの使用

　ウイルスは眼や鼻、あるいは口の粘膜から感染することがあります。そこで、創から血液が飛び散りそうなときは、手袋に加えてゴーグルとマスク、ガウンが必要になります（図3）。

　ゴーグルとマスクは手袋とともに救護バッグに備えておいてください。ガウンの準備は難しいかもしれませんので、着衣に血液が付着してしまったときは、ビニール袋に入れて持ち帰り、別個に洗濯をしてください。

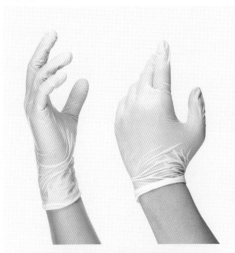

図1 使い切りタイプの医療用手袋の一例

図2 擦り込み式の消毒剤の一例

3 応急止血法

汚れを落とす

スポーツの現場では、出血を伴う外傷を負うことも少なくありません。特に頭部や顔面では皮膚の血流が豊富なため、その場で何もしなければ出血が多量になってしまいます。出血が多量になると、生命に危険が及ぶことにもなりかねません。そこで出血を少しでも減らすことを試みましょう。

創が砂や泥で汚れているときは、まず洗い流すようにします。水道の流水がよいのですが、その場になければペットボトルの水でもかまいません。水をかけながら、創の表面と周囲の汚れを手で払い落としていきます（図4）。流水のみで洗い流せない

泥や砂は医師の処置を必要とするものですから、医師に任せ、創の深いところには触れないようにします。そして止血です。

用手的直接圧迫止血法

基本的な止血方法は、用手的直接圧迫止血法です。これは出血している部位を直接指や手を使って圧迫する方法です。

薄めのガーゼを創に当てて、創の大きさに合わせて指や手のひらの根元で強く押さえます。出血しているポイントを圧迫する必要がありますから、圧迫する前にガーゼで創の血を拭って、出血している場所を確認してから圧迫します（図5）。痛がるかもしれませんが、それくらい強く押さえつ

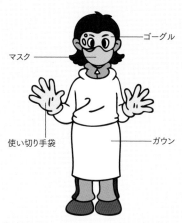

ゴーグルはスキー用のもので、ガウンはウインドブレーカーで代用可能。

図3 **ゴーグルとマスク、ガウンの着用**

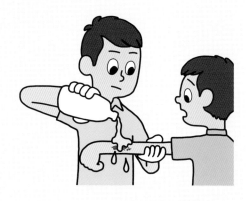

図4 **ペットボトルなどの水をかけて汚れを落とす**

けないと止血効果は得られません。

　普通は、5〜10分程度圧迫を続けると出血は止まります。圧迫しているときの5分間は意外に長く感じます。短い時間で圧迫を解除し、出血が続いているので圧迫をやり直し、また短い時間で圧迫を解除して出血の具合を観察していると、いつまで経っても止血しません。最初から時計を見て、しっかり5分以上圧迫を続けるようにしましょう。中高年の方では、心筋梗塞や脳梗塞の予防、静脈血栓の予防のため、血液をサラサラにする薬を飲んでいる場合も多くなりました。この場合は出血が止まりにくいので、圧迫を長く続ける必要があります。

　もし、圧迫している最中も出血が続いているときは、圧迫している位置が悪いのかもしれません。ガーゼを外して、もう一度出血している場所を確認してから圧迫をやり直しましょう。このとき、手袋などを使用して感染予防を心がけることは、先に述べた通りです。

　頭や顔のように皮膚のすぐ下に硬い骨がある場合は、選手同士の衝突や物がぶつかったときに、出血を伴う比較的深い創ができやすいものです。しかし、皮膚の下の硬い骨に押し付けるように圧迫することにより、止血効果は大きくなるのが特徴ですから、頭や顔の創は直接圧迫により止血しやすいということがいえます。

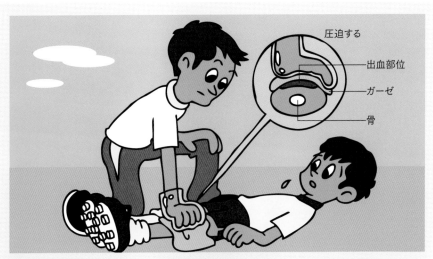

圧迫する
出血部位
ガーゼ
骨

薄めのガーゼを傷口に当て、指や手のひらの根元で強く押さえる

図5 **用手的直接圧迫止血法**

止血できていることを確認したら、創を創被覆材（創を乾燥させないような材質、なければガーゼで代用）で覆うように保護します（図6、図7）。

病院受診のタイミング

止血と創の保護ができたら、病院へ連れていくことを考えます。すぐに病院を受診すべき状況は次の通りです。

1）止血できないとき

2）創の深さが筋肉、腱あるいは骨に達している恐れがあるとき

3）泥などにより創が汚染されていたとき

4）骨折を伴っている恐れがあるとき（必要に応じて救急車を手配）

5）頭部外傷、頸椎外傷あるいは胸部・腹部外傷などを伴っているとき（必要に応じて救急車を手配）

創の深さが皮下脂肪までで汚染がないときは、試合や練習が終了してからでもかまいませんが、病院の診療時間内に受診するようにしましょう。

止血点止血法

ときには、用手的直接圧迫止血法が使えないことがあります。例えば、骨折した骨が創から突出しているときや、創がとても大きいとき、深くまで達していて組織の損傷が激しいときなどです。このようなときは救急車を手配することが必要ですが、救

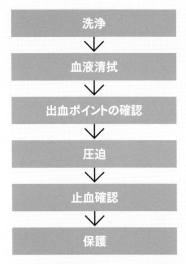

図6 **用手的直接圧迫止血法の流れ**

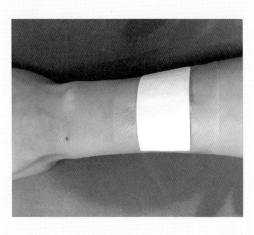

図7 **創被覆材の一例**

急車が到着するまで別の方法で止血を試みます。その1つが止血点止血法です。

　止血点止血法は、出血部位より心臓に近い位置で動脈を圧迫して止血する方法であり（図8）、動脈性の出血（鮮紅色で勢いのある出血）が持続するときに有効です。圧迫する動脈は、指先で脈拍を感じることができるところで、やはり下に硬い骨があ

る部位では効果的です。手関節部の橈骨・尺骨動脈、肘関節部の肘動脈、上腕部の上腕動脈、わきの下の腋窩動脈、膝の裏側の膝窩動脈、鼠径部の大腿動脈などです。

　指先で動脈の拍動を触れたら、そのまま直下にある骨に強く押し付けて圧迫します（図9）。完全に止血できなくても、出血量を少しでも減らすことができればよいので

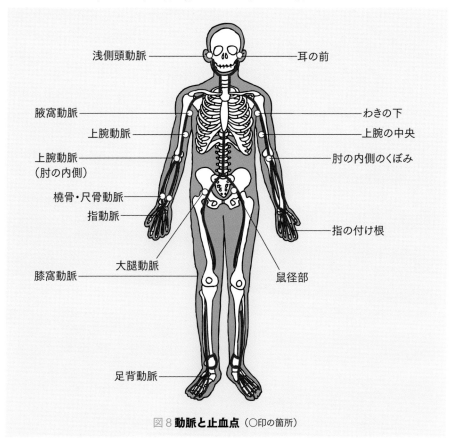

浅側頭動脈 ——— 耳の前

腋窩動脈 ——— わきの下

上腕動脈 ——— 上腕の中央

上腕動脈 ——— 肘の内側のくぼみ
（肘の内側）

橈骨・尺骨動脈

指動脈 ——— 指の付け根

大腿動脈

膝窩動脈 鼠径部

足背動脈

図8 **動脈と止血点**（○印の箇所）

試みてください。日ごろから、指先で脈拍を感じることができる部位を確認しておくとよいでしょう。

現場でやってはいけない止血法

　もう1つの止血法に、止血帯を用いた方法があります。従来用いられていた方法で、ひもやタオルなどを使用して上腕や大腿をしばる方法です（図10）。この方法は適切に実施することが難しいので、今はやるべきではないと指導しています。タオルのような太いものだと強くしばることが難しく、しばる力が少しでも弱いと動脈は血液が流れ、静脈だけが遮断されます。その結果うっ血が起こり、かえって静脈性の出血が増えてしまいます。また、ひものよう

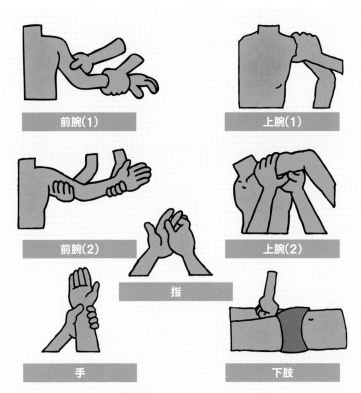

前腕(1)　　　上腕(1)

前腕(2)　　　上腕(2)

指

手　　　下肢

止血点で動脈の拍動に触れたら、そのまま直下にある骨に強く押し付けて圧迫する

図9 止血点を用いた止血のやり方

な細いもので強くしばると、神経や血管の損傷を起こしてしまいます。特に指からの出血に対して、指の根元を輪ゴムでしばったり、手からの出血に対して手首をタオルでしばったりする光景はよく目にしますが、このようなことはすべきではありません。

4 開放骨折への対応

現場でできること

　骨折に皮膚の損傷を伴って、骨折した骨が外部と通じてしまう状態を開放骨折といいます（図11）。骨は本来無菌状態にありますが、開放骨折では外部と通じてしまうため、無菌状態ではなくなり感染を起こす危険が高くなります。骨が一度感染を起こすと治りにくく、骨折も治らなくなってしまうことがあります。
　感染を防止するために最も有効だと考えられているのが、早期の抗菌薬投与と開放骨折部の洗浄です。したがって現場でできることは限られています。
1）できるだけ早く開放骨折に対応可能な病院へ搬送する
2）開放創の二次汚染を防止する
3）骨折部を安定させて神経や血管などの二次損傷を防止する

監督責任者の役割

　そのために監督責任者（審判あるいはヘッドコーチなど）は、受傷した選手を動かさないため、皆で協力して対応するため、そして皆が統制のとれた行動ができるために、以下のことをします。
1）試合や練習を中断するよう指示する
2）受傷した選手をその場から動さないよう指示する（ただし、手指や足趾などでは移動は可能）
3）応急処置を実施するためのリーダー（チームドクター、トレーナーあるいはマネジャーなど）を決める
4）救急車を手

図10 **ひもやタオルでしばる止血方法はダメ！**

図11 **開放骨折**

配するよう指示する

リーダーの役割

　リーダーとして指名された人は、傷病者の安静を保ち、二次損傷を防止するために以下のことをします。

1）チームメイトなど協力者に、それぞれ明確に役割を指示する

2）担当者を2名決め、骨折部分の上下の骨を用手的に固定し、骨折部分が動かないように安定させることを指示する（図12）

3）骨折部を安定させたまま傷病者が楽な姿勢がとれるように、寄りかかったり横になったりできるよう補助することを指示する

4）創が泥などで汚染されているときは、ペットボトルの水を用いて創の外側へ素早く洗い流す

5）骨が外部に突出しているときは、中に入ってしまわないように注意する

6）ガーゼで創を保護する

7）その場で救急隊の到着を待って、その後は救急隊に任せる

5 杙創・刺創への対応

刺さっている物を動かさない

　スポーツ中にはそれほど経験するものではありませんが、杙のような棒状のものが刺さる（杙創）事故や、鋭利なものが刺さる（刺創）事故が起こることもあります。

　こういったときは、直ちに救急車を呼ぶことは当然ですが、現場での対応で最も

図12 **開放骨折では、骨折部の上下を手で固定し、安定させる**

大切なことは、身体に刺さっている物を、動かないようにして、安定させておくことです。

　抜き取らないのはもちろんのこと、できれば、刺さっている物が動かないようにしたいものです。刺さっている物を抜いたり動かしたりすると、さらに損傷が拡大したり出血が増加したりします。刺さっている物を安定させるには、手で保持しておく方法もありますが、周囲にタオルなどをあてがい、テープで固定する方法もあります。

　杙創では刺さっている物が地面などに固定されていて、簡単に救助できないこともあります。こういうときは、レスキュー隊の力が必要になりますから、救急車を呼ぶときにそのことも伝えなければいけません。救急隊が到着するまでは皆で協力して身体を支え、できるだけ動かないようにします。

6 擦過創(すり傷)の処置

受傷直後の処置の基本

　皮膚の表面的な傷の場合はひどい出血を伴うことはありません。処置の基本は、洗浄・ブラッシングとラッピングです。

　あらかじめきれいな歯ブラシを用意しておきますが、受傷後すぐに水道水を流しながら、歯ブラシを使ってブラッシングして、

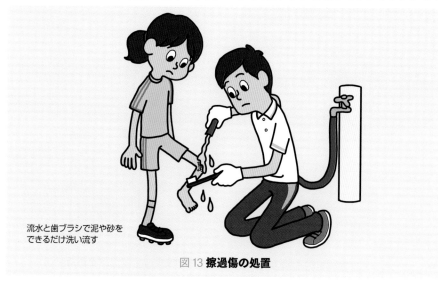

流水と歯ブラシで泥や砂をできるだけ洗い流す

図13 擦過傷の処置

泥や砂をできるだけきれいに洗い流します（図13）。

　受傷直後にきれいに汚れを取り除いておくと、その後の治りがとても早くなり、痛みも軽減しますから、洗うときはかなり痛いと思いますが、よく説明して実施しましょう。水道がない場所や、衛生状態がよくない国などでは、ペットボトルの水を利用します。

　洗ったあとはきれいなタオルで押し拭きして、創の部分を保護します（図14）。医療用のドレッシングテープなど創保護材料を使用します。

　創の全体を覆うようにして周囲をテープで固定してください。練習や試合中は創保護材料の上からテーピングしておくと動いても外れません。

化膿させないために

　練習や試合後の入浴時は創保護材料を外して、石けん（弱酸性が好ましい）を使用して手で優しく洗い流すようにします。液体石けんを使用するときは、石けんの原液を直接かけることはせず、よく泡立ててから洗うようにしてください。浴槽に浸かってもかまいませんが、最後は流水で洗ったあとにタオルで押し拭きし、再び保護しておきます。少なくとも１日１回は洗浄し、練習などがあればその都度洗浄します。

　稀に化膿することがありますが、創の周囲が赤く腫れてきたり、痛みが強くなったりするのは化膿の兆候です。こんなときは病院を受診しましょう（図15）。

　化膿を予防するには、できれば試合中でも受傷後できるだけ早期によく洗浄・ブラッシングすること、そして毎日洗浄することが大切です。消毒薬は、創傷治癒を促進する働きをもっている白血球を殺してしまうので使用しません。

図14 **擦過傷の処置の流れ**

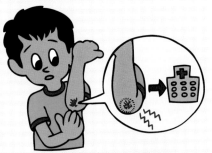

図15 **化膿したらすぐに病院へ**

《3 BLS (一次救命処置)

1 はじめに

突然死は起こりうる

スポーツに関連した突然死は、中高年に特有のものではなく、あらゆる年齢層においてみられます。また、年齢による特徴もありますが、さまざまな競技種目で発症しています（3章の突然死の項のP76を参照）。いい換えれば、突然死はどのような状況でも起こりうるということです。指導者はもちろんのこと、選手自身も含め、関係する人たちは皆がそれに備えなければなりません。

しかし、一般的に日本人は、「起こってほしくないこと（例えば大災害や交通事故など）は起こらないものだ」と自分自身に信じさせてしまい、いざというときの備えを怠る傾向が強いそうです。突然死についても同様で、多くの人が身近には起こらないだろうと信じ込んでいます。

心臓の突然停止に備える

なんらかの原因で心臓が突然停止した場合、そのまま放置すれば死亡することになりますが、適切な救命手当てを施せば救命の可能性が高くなります。備えを怠っていてその場での対応が遅れれば死亡、備えておいて適切な対応をすれば助かる命、この差はとても大きく、あとで取り返しがつかないものです。

心臓の突然停止への備えは、それほど大変なことではありません。少しの備えで大切な命を救うことができます。それがBLS（一次救命処置）です。一般の方（非医療従事者）も実施することができます。

2 BLSとは

一次救命処置

BLS は basic life support の頭文字をとった言葉で、日本語では一次救命処置といいます。具体的には、次の4つのことを指します。
① 心肺蘇生（CPR：cardiopulmonary resuscitation）
②自動体外式除細動器（AED：automated external defibrillator）を用いた除細動
③窒息に対する気道異物除去
④用手的直接圧迫止血法

BLS は感染防護具と AED 以外には特別な医療資器材を必要としない救命処置です（29 ページ図）。

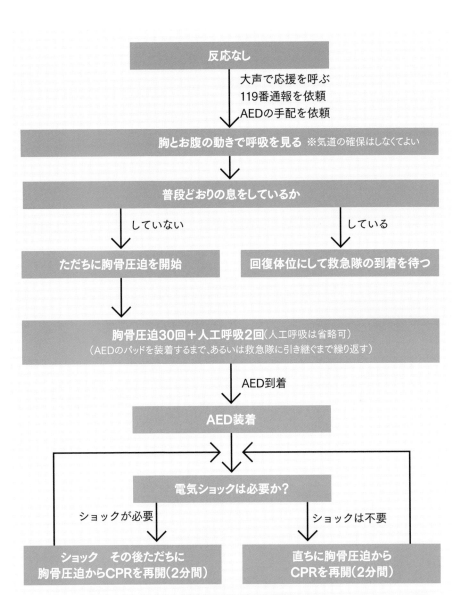

反応なし

大声で応援を呼ぶ
119番通報を依頼
AEDの手配を依頼

胸とお腹の動きで呼吸を見る ※気道の確保はしなくてよい

普段どおりの息をしているか

していない ── ただちに胸骨圧迫を開始

している ── 回復体位にして救急隊の到着を待つ

胸骨圧迫30回＋人工呼吸2回(人工呼吸は省略可)
(AEDのパッドを装着するまで、あるいは救急隊に引き継ぐまで繰り返す)

AED到着

AED装着

電気ショックは必要か?

ショックが必要 ── ショック　その後ただちに
胸骨圧迫からCPRを再開(2分間)

ショックは不要 ── 直ちに胸骨圧迫から
CPRを再開(2分間)

図スポーツ現場で急に倒れた1歳以上の子どもに対するBLS(一次救命処置)**の手順**

4 CPR

胸骨圧迫

胸骨圧迫の重要性

心臓が停止すると血液が全身に送られなくなります。特に脳は血液の供給が途絶えると数分で回復不可能なダメージを受けます。また心臓自体も脳に次いでダメージを受けやすく、10分程度で回復不可能になります。そこで心臓の動きが戻るまでの間、少しでも脳や心臓に血液を送り出すための手立てが胸骨圧迫です。

座る位置、圧迫部位、姿勢

普段どおりの呼吸をしていなければただちに胸骨圧迫を開始しますが、倒れている人の横、胸部の真ん中くらいに両膝をついて座ります（図1）。左右の手を重ねて手のひらの根元の部分で圧迫します（図2）。圧迫する部位は胸の真ん中です（図3）。

大切なことはすぐに始めること、絶え間なく続けることです。効果的に胸骨を圧迫するために、正しい姿勢で行いましょう。胸骨に対して腕が斜めになったり、肘が曲がったりした姿勢では、正しく圧迫できません。肘を伸ばし、体を起こして、胸骨に対して垂直に圧迫します（図4）。

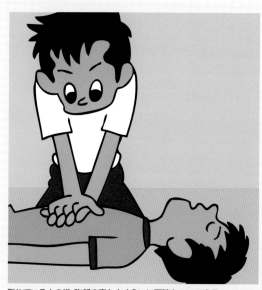

倒れている人の横、胸部の真ん中くらいに両膝をついて座る

図1 胸骨圧迫の際の座る位置

手のひらの根元で圧迫する

図2 両手の組み方と 力を加える部分

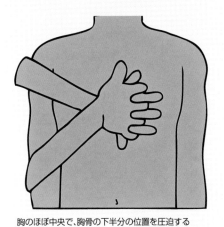

胸のほぼ中央で、胸骨の下半分の位置を圧迫する

図3 圧迫する部位

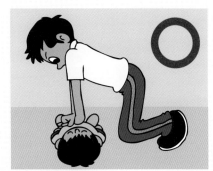

垂直に圧迫する

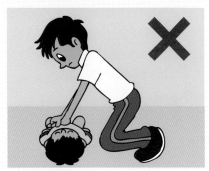

斜めに圧迫しない

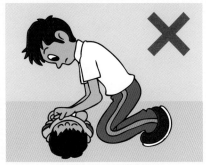

肘を曲げて圧迫しない

図4 胸骨圧迫の姿勢

2 圧迫の方法

圧迫の強さ

　約5cm胸壁が沈むように圧迫します。圧迫が弱いと十分に効果を得ることができませんが、強すぎてもいけませんので6cm以上は押さないようにします。小児（出生後から思春期）では、胸の厚みの1/3程度が沈み込む強さで圧迫します。肘は伸ばして、腕全体が垂直になるようにして、体重をかけて体全体で圧迫するようにします。

圧迫の速さ

　圧迫のテンポは1分間に100〜120回です。メトロノームなどを使って練習しておくとよいでしょう。

　圧迫の時間と圧迫を解除する時間は同じ長さにします。圧迫した胸は、胸郭の弾力によって元の位置に戻ろうとしますが、元の位置への戻りが不十分だと、心臓に血液が十分にたまらないために、次の圧迫で血液を十分に送り出すことができなくなります。ですから、胸の圧迫を解除するときは、胸の位置が元に戻るように完全に圧迫を解除してください。

　このように、強い圧迫と十分な解除とを1分間に100〜120回のテンポで繰り返してください。

胸骨圧迫：人工呼吸
30:2

胸骨圧迫30回と人工呼吸2回の組み合わせを、救急隊が到着するまで継続する

図5 心肺蘇生法の実施

人工呼吸との組み合わせ

　胸骨圧迫の合間に人工呼吸を行う場合は、30回の胸骨圧迫と2回の人工呼吸を組み合わせて1サイクルとし、これを繰り返します（図5）。小児で救助者が2人以上であれば、15回の胸骨圧迫と2回の人工呼吸の組み合わせを1〜2分で交代しながら行います。人工呼吸を行うときに胸骨圧迫が中断されますが、できるだけ胸骨圧迫の中断時間を短くします（中断時間は10秒以内）。胸骨圧迫を中断すると、冠動脈の潅流圧（心臓に栄養を与える血管に血液が流れるときの血圧）がほぼゼロにまで低下し、再び上昇するのには時間を要

します。冠動脈の潅流圧をある程度に維持しなければ、心拍再開の可能性は期待できません。そのためには、胸骨圧迫を絶え間なく行うことが必要とされています。

　人工呼吸に自信がない場合は、人工呼吸を省略して胸骨圧迫を連続して実施します。

胸骨圧迫を続けるコツ

　胸骨圧迫は思っている以上に疲れますので、2分以上経過すると圧迫が弱く遅くなってきます。そこで、協力者がいる場合は、たとえ疲れを感じていなくても、1〜2分を目安に胸骨圧迫を交代します（図6）。胸骨圧迫が途切れないように、交代はすみやかに行います。

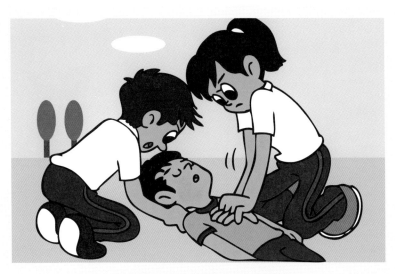

図6 **胸骨圧迫は交代しながら続ける**

3 気道確保

CPRは人工呼吸と胸骨圧迫（従来は心臓マッサージといわれていました）からなります。人工呼吸は普段どおりの呼吸をしていないときに行います。

意識がない場合は、「舌根沈下」といって舌がのどの奥に落ち込んでしまうので、「気道」という空気の通り道を塞いでしまいます（図7）。ですから人工呼吸を行う場合は、まず気道を開通させて、空気の通り道を作る必要があり、この手技を気道確保といいます。

気道確保の方法は「頭部後屈あご先挙上法」といって、倒れている人の頭の横に座り、片方の手のひらをおでこに当てて押さえ、頭部を静かに後屈させ、もう一方の手の人差し指と中指をあご先の下に当て、あごを持ち上げます（図8）。

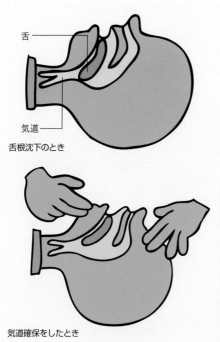

舌

気道

舌根沈下のとき

気道確保をしたとき

図7 気道の状態

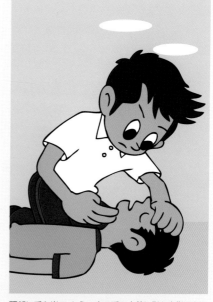

頭部に手を当て、もう一方の手の人差し指と中指であご先を上方に押し上げ、気道を確保。

図8 頭部後屈あご先挙上法

4 人工呼吸

口対口人工呼吸

気道を確保したら人工呼吸です。おでこに当てた手を離し、その手で倒れている人の鼻をつまみます。自分の口で相手の口を覆うようにして、空気が漏れないように息を吹き込みます（図9）。相手の胸が軽く膨らむ程度に、約1秒間で吹き込んだら一度口を離します。口を離すと相手が自然に息を吐き出し、膨らんだ胸が元に戻ります。もう一度息を吹き込みます。1回の人工呼吸は続けて2回息を吹き込みますが、5秒以内で終わるようにします。

自分の口と相手の口とで人工呼吸を行うので、口対口人工呼吸（mouth to mouth）といいます。口対口人工呼吸による感染の危険はきわめて低いので、感染防護具なしに人工呼吸を行ってもかまいませんが、感染防護具がある場合は使用します（図10）。人工呼吸に自信がないときは人工呼吸を省略して、胸骨圧迫を続けて行います。

気道確保→呼気吹き込み→離す→呼気吹き込みの順に行う

図9 **人工呼吸**

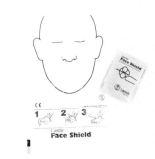

人工呼吸用フェイスシールド

人工呼吸用マスク

図10 **口対口人工呼吸で用いる
感染防護具の一例**

┃ AEDとPAD

一般の人も電気ショックができる

スポーツ中、心臓が突然停止してしまうときは、ほとんどの場合心室細動という死亡に直結する不整脈が起こっています（3章の突然死の項を参照）。この心室細動の状態から一刻も早く、規則正しい心臓のリズムに戻してあげれば命を救うことができます。その方法が除細動という処置です。

除細動をする唯一の手段が電気ショックです。これは医療行為ですから、かつては医師しか行うことができませんでしたが、2004年（平成16年）7月1日からは医療に従事しない一般の人たちも、電気ショックによる除細動という処置ができるようになり、今では多くの施設や交番などにAEDが置かれています。

除細動を行うための器械が「AED」であり、その場に居合わせた一般の人（非医療従事者）が除細動を実施することを「PAD」といいます。

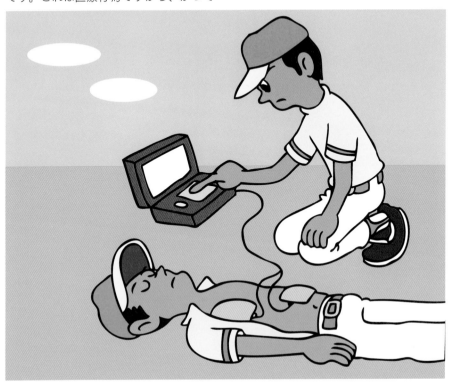

2 心室細動とは

血液を送り出せない不整脈

健康な心臓は規則正しいリズムで鼓動しています。大人では、安静時は1分間に約60回から80回の速さで鼓動して血液を送り出しています。運動をすると鼓動は速くなり、多いときは1分間に180回以上にもなります。1回の鼓動で、心臓の心室という部分の筋肉が収縮し、血液を肺や身体全体に送り出し、その次に心室が拡張して肺や身体から血液が心臓に流れ込んできます。健康な状態ではこれを規則正しく繰り返しています。

これに対し、心室細動は心臓が突然停止するときに多く見られる不整脈ですが、心臓の筋肉は全体の調和がとれて収縮するのではなく、いろいろな部分の筋肉がバラバラのリズムで勝手に動いて、細かくぶるぶると震えているような状態になっています。この状態では心臓は血液を送り出すことができなくなり、心臓の機能は停止ということになります（図1）。この心室細動をしばらく放置するとこの震えも止まってしまい、規則正しいリズムに戻すことは不可能になります。

心室細動を規則正しいリズムに戻すことを除細動といいますが、除細動を行う唯一の手段が電気ショックを心臓に与えることです。電気ショックを与える器械が除細動器（AED）ということになります。

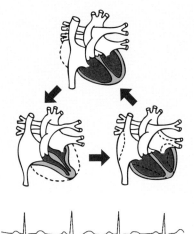
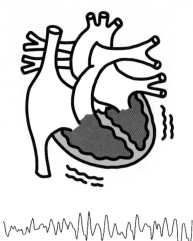

図1 **正常な心臓の収縮拡張と心電図**（左）、**及び心室細動を起こした心臓と心電図**

3 AEDとは

AED＝自動体外式除細動器

　AEDとは、Automated External Defibrillatorの頭文字をとったものです。Automatedは自動的、Externalは体外式、Defibrillatorは除細動器で、「自動体外式除細動器」という日本語になりますが、押しボタン1つで電気ショックを与え除細動を行う器械です。

　一般の人（非医療従事者）は、倒れている人に電気ショックを与えてよいのか判断できません。そこで、医学的知識がなくても、誰でもどこででも安全に簡単に除細動ができるようにするための器械が必要になり、そのために開発されたのがAEDです。

　高性能マイクロコンピューターを内蔵しており、倒れている人の心電図を自動的に解析します。解析の結果、電気ショックが必要と判断された場合のみ、器械の内部で電気ショックのための充電が行われます。充電が完了すると電気ショックを実行するための押しボタンスイッチが点滅し、そのとき押しボタンを押すと電気ショックが実行されます。器械のスイッチさえ入れれば、器械本体から流れる音声メッセージに従い、一般の人でも簡単に操作できます。

　電気ショックが不要な場合は充電されないので、誤ってボタンを押しても電気は流れず安全です。また、器械自体が毎日定期検査を実施し、バッテリーの残量や作動状況をチェックする仕組みになっていて、約5年間メンテナンスを行う必要がありません。重さは2kg前後で、子どもでも持ち運びできます（図2）。リース契約により定期点検や消耗品の補充が行われる仕組みもあります。導入時の初期費用も安く便利だと思います。

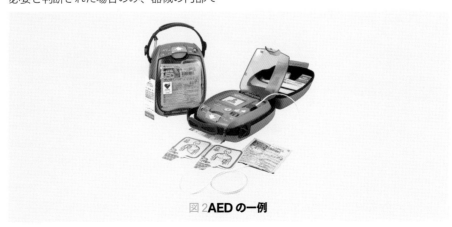

図2 **AED**の一例

4 PADとは

PAD＝一般市民による除細動

PAD とは Public Access Defibrillation の頭文字をとったもので、Public は一般の人、Access は試み、Defibrillation は除細動で、「一般市民による除細動」という日本語になります。

心臓が突然停止してしまった人が心室細動の状態であれば、その場に居合わせた一般の人が除細動を実施することです。一次救命処置のうち、最も命を救う可能性が高い行為の1つだと考えられます。

5 PADの重要性

心室細動がもたらす問題

電気ショックによる除細動という医療行為を、なぜ一般市民が行わなければいけないのでしょうか。

心室細動は心臓の筋肉がバラバラに収縮して、血液を送り出せない状態なので、問題となるのは、

①心臓の筋肉はバラバラだが、収縮しているので酸素を使い続けている。

②心臓の筋肉に蓄えられている酸素の量は少ない。

③心臓の機能が停止しているので、血液を送り出すことができない状態である。

④心臓自体の筋肉も、心臓から送り出される血液で酸素の供給を受けている。

つまり、心臓の筋肉は、酸素の供給がない状態で酸素を使い続けることになり、短

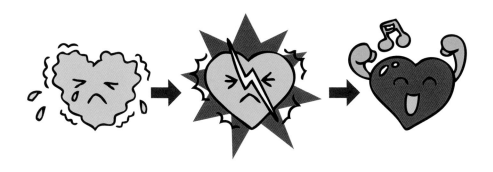

ショックをかければ心室細動は治まる

時間のうちに酸素が足りない状態になってしまいます。すると、筋肉に乳酸がたまり、筋肉が疲労して収縮できなくなってしまいます。そうなるともう心臓の筋肉は震えることもなくなり、電気ショックを与えても、リズムを取り戻すことはできません。

　具体的には、心室細動が発症してから1分経過するごとに救命率は約10%ずつ低下するといわれています。10分経過すると、ほぼ100%の人が回復不能になってしまいます（図3）。

救急隊員が来て行うまで10分

　現在日本では、すべての救急車やほとんどの消防車両にAEDが搭載されています。ですから、救急隊員が現場に駆けつけたときに、電気ショックによる除細動が必要なら、その場で医師の指示がなくても救急隊員が除細動を実施できます。

　しかし、この方法では心室細動を発症した人の10人に1人か2人しか助けることができません。なぜなら、目撃者が119

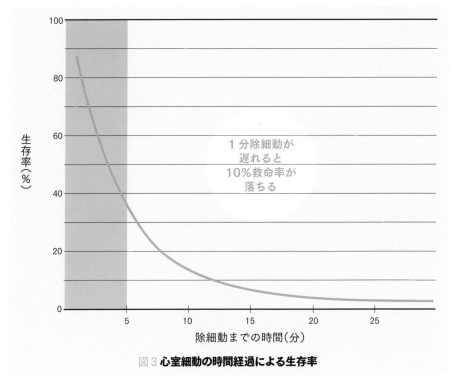

1分除細動が
遅れると
10%救命率が
落ちる

図3 **心室細動の時間経過による生存率**

番通報するまでにかかる時間、119番通報してから救急車が現場に到着するまでの時間（日本での平均は約7分）、救急隊員が準備を始めて電気ショックにとりかかるまでの時間を合わせると、10分を超えてしまうことも多いからです。

心臓が突然停止した人を助けるためには、できれば3分以内に電気ショックを与えることが必要なのです。普通は医師や救急隊員は人が倒れた現場にはいません。そのような状況で、3分以内に電気ショックを与えるためには、その場にAEDがあること、そして、その場に居合わせた人が実施することです。

心室細動が起こった場合、3分以内に除細動を実施すれば4人のうち3人は助かります。そして胸骨圧迫が行われていれば、さらに救命率が上がります。しかし、救急隊が到着してからの除細動では、平均5〜6%の人しか救命できないのです。

⑥ AEDの操作は簡単

誰でも簡単に使える

AED の使用方法はとても簡単ですが、使用することに不安を感じる人もいます。その問題を解決しましょう。

法律的な責任問題

医師法によって、医師以外の者が医療行為を行うことは禁じられています。電気ショックによる除細動処置は医療行為ですから、従来は一般の人は行うことができませんでした。

しかし、2004 年 7 月 1 日から、一般市民（非医療従事者）が緊急避難的に AED を使用することは、医師法に違反しないという判断が国から出されました。

また、人命救助の観点から緊急避難的に行った場合は、除細動を実施した結果が悪い場合でも（救命できずに死んでしまった、重い障害が残ってしまった、肋骨を骨折してしまったなど）、刑事責任あるいは民事責任について免責されます。

つまり、悪意を持って相手方（心臓の突然停止を起こして倒れた人）に損害を与えようとした行為でなければ、その結果が悪いものであったとしても、刑罰を受けたり、損害賠償を求められたりすることはありません。

電気ショックが身体に与える影響

　AEDを用いて電気ショックを与えるときは、手のひらくらいの大きさのパッド（粘着シート状の電極）を体に2枚貼り付けて電気を流します。除細動に必要な量の電気を流しますが、心臓が再びリズムを取り戻したあとには大きな影響は残りません。

　また、パッドを貼った部分が軽いやけどにより赤くなることがありますが、問題にはなりません。心室細動を放っておいたら救命することはできないのですから、些細な影響を心配せず、安心してAEDを使用してください。

女性は不利？

　大学生を対象にした研究で、男性に比べ女性の方がAEDによる救命処置を受けた率が低いとのデータがあります。やはり若い女性に対し、服や下着を外すことに抵抗があるのかもしれません。しかし命を救う

ための処置ですから、ためらわず実施してください。周囲からの視線を遮る工夫もしてみましょう。

初めてでもできるのか？

　AED使用に関する講習あるいは救命講習を受けていなくても、一般市民がAEDを使用して除細動処置を行うことは許されています。講習を受けていない人が本当にAEDを使うことができるのか、という疑問はあるでしょう。最初に電源さえ入れることができれば、あとは器械から音声により使用方法が説明されますから、初めてでも使用することができます。

　一般市民の方もAEDに関する講習を受けることが推奨されていますから、スポーツ関係者は積極的に講習を受けてください。

パッドを
貼ってください

電源を入れれば音声が案内してくれる

判断を誤ることはないのか？

心臓が突然停止すると、数秒から10秒後には意識を失い倒れてしまいます（呼吸も最初はありますが、すぐに止まります）。しかし、意識を失って倒れる人は、すべて心臓が止まっているわけではありません。脳卒中（脳出血や脳梗塞）やけいれん発作、低血糖発作、脳貧血などでも突然倒れてしまうことがあります。

意識を失っても心臓が動いている人は、多くの場合呼吸は止まりません。ですから、心臓が止まっているかどうかを見極めるた

めには、呼吸をしているかどうかを確認することが必要になります。

呼吸をしているかどうかを、正確に見極める自信がない人も多いはずです。しかし、自信がないときでもAEDを使用することはできます。

AEDのスイッチを入れ、音声メッセージに従ってパッドを倒れている人の胸に貼ります。AEDが電気ショックの必要性を正確に判断してくれますから、呼吸をしているかどうかをうまく見極めることができなくても、AEDは安全に使用することができます。

CPRができない

心臓が突然停止した人を助ける最もよい方法は、次のとおりです。

1）近くに設置してあるAEDを誰かが取りに行く。

2）AEDが届くまでの間はCPR（人工呼吸と胸骨圧迫。特に絶え間ない胸骨圧迫）を行う。

3）AEDが準備できたら電気ショックによる除細動を行う。

4）器械からの音声メッセージに従い電気ショックとCPRを繰り返して行う。

以上の手順になりますが、CPRができない人でもAEDは使ってください。

周囲に人がいれば協力を求めますが、自分1人しかいないときは、CPRができなくてもAEDを使ってください。CPRができないからといってAEDの使用をためらっていては、助かる可能性がある人までも救命できなくなります。何もしなければ、目の前に倒れている人は死んでしまいます。AEDを使用すれば助かる可能性があるのです。

CPRができればさらに救命率は向上するので、ぜひ救命講習を受けてください。

1 AED使用の手順

音声メッセージに従う

　競技場や体育館などの公共施設に AED が設置されてきていますが、設置しただけでは、心臓が突然停止した人を救うことはできません。勇気をもって AED を使ってこそ初めて、死の危機に瀕している人を救うことができるのです。

　AED の使用手順を説明します。AED には何種類か機種がありますが、使用方法に大きな差はありません。AED が手元に届いたら、スイッチを入れ、そのあとは、音声メッセージに従って操作します。

日ごろから AED が設置されている場所をチェックしておこう

① AED の到着・スイッチ

AEDのスイッチを入れます（器械の蓋を開けるか、電源ボタンを押す）。

②パッドの装着

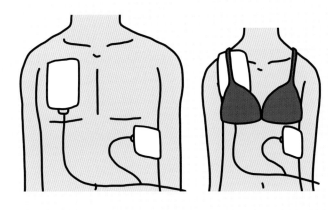

パッド（粘着式の手のひらくらいの電極）を胸の2カ所に貼ります。貼る位置はパッドの表に絵が描いてありますが、胸の右上と左下で心臓を挟む位置になっています。右上と左下が反対になっても治療の効果に差はありませんから、貼り直す必要はありません。

③ケーブル接続

パッドにつながっているケーブルをAED本体に接続します。接続するための差し込み口は、ランプが点滅してわかりやすくなっています。あらかじめ、ケーブルが本体につながっている機種もあります。

④心電図の解析

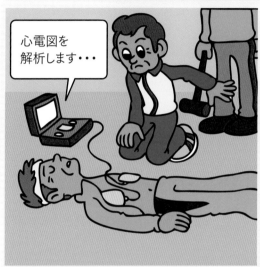

心電図を
解析します・・・

ケーブルがつながれると、次に器械が心電図を読み取り、解析します。この結果、電気ショックが必要かどうかを判断します。この心電図の読み取り及び解析のときは、解析が正確に行われなくなるので、倒れている人に触れてはいけません。

器械から「心電図を解析します。患者に触れないでください」などの音声メッセージが流れますから、このタイミングに従えば大丈夫です。周りに人がいるときはその人たちも触れないように注意してください。30秒程度で解析は終了します。

⑤ショックの必要性の有無

ショックを
実行してください

AEDが電気ショックの必要性を判断すると、その結果が音声メッセージで流れます。電気ショックが必要と判断されたときは「ショックが必要です」「充電します」「患者から離れてください」「ショックを実行してください」と流れます。

⑥通電ボタンを押す

音声に従って、倒れている人に触れないようにして通電ボタンを押してください。充電が完了すると通電ボタンが点滅しますからわかりやすくなっています。

注：電気ショックを与えるとき、万一倒れている人にあなたが触れていると、あなたにも電気が流れます。死亡するようなことはまずありませんが、軽いやけどを負うことはありますので、あなた自身と周囲の人が倒れている人に触れないようにします。

⑦電気ショックの瞬間

通電した瞬間は倒れている人の身体がビクッと動きますが、これは電気が流れることにより筋肉が収縮するためですから、心配いりません。

⑧胸骨圧迫と人工呼吸

通電したあとは、直ちに胸骨圧迫からCPRを再開します。つまり、30回の胸骨圧迫と2回の人工呼吸を繰り返します。

※ P58 救命手当ての手順の項を参照してください

⑨心電図解析・ショックの必要性の有無

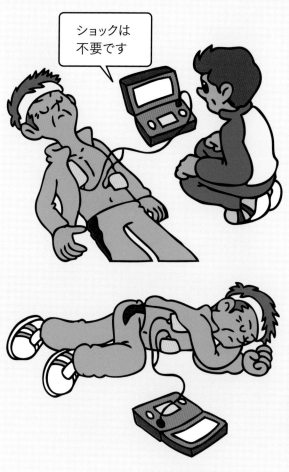

約2分後に再び器械が心電図の解析を行いますから、音声メッセージに従って操作を繰り返します。「ショックが必要です」というメッセージであれば、続くメッセージに従って操作を繰り返します。

「ショックは不要です」というメッセージは、心臓が動いていてショックが不要のときと、心臓は止まっているがショックが不要なとき（ショックが必要な心室細動でない場合）とがあります。

「ショックは不要です」のメッセージでは、脈拍を確認し、10秒以内に脈が触れないか、よくわからないならCPRをして、④に戻ります。

ショックが不要で脈が触れ、呼吸があるときには回復体位にします。脈が触れるが、呼吸がないときは、1分間に10回の人工呼吸を続けます。パッドは貼ったまま、電源も入れたままにします。

8 AED使用上の注意点

ほんの少しの注意

　AEDを使用するときに少し注意することがありますが、難しいことではありません。AEDを用いる対象年齢やAEDを用いる場所などについて、ほんのわずかなことですが、次の8つの項目について、要点をしっかりと押さえておきましょう。

年齢

　現在、一般に設置されているAEDは、通電する電気エネルギーの量は成人に合わせたものです。この場合、対象は小学生以上になります。学校内で児童・生徒の心臓が突然停止して倒れた場合などでは、その子が何歳かはわかるでしょう。しかし、正確な年齢がわからないこともあります。正確な年齢がわからないときは、おおよそ「小学生以上だな」と思ったら、迷わずに成人用のAEDを使用してください。実際には未就学児だったとしても、法律上責任を問われることはありません。

　未就学児は小児用のパッドを使用しますが、その場に小児用のパッドがなければ、成人用を使用してもかまいません。成人用は未就学児に使用できますが、小児用は小学生以上に使用できませんから、小学生以上か未就学児か迷うときは、成人用を使用します。

　1歳未満（乳児）も小児として同様に対応します。

プールサイドなど濡れているところでは？

　プールサイドなど下が濡れているところでもAEDを使用することはできます。パッドを貼る胸の部分だけ水分を拭き取れば、普通に使用できます。雨のなかでの使用も同様です。前胸部は完全に乾いている必要はありません。

　倒れている人や周囲が水浸しだと、行っている人や周囲の人に電気が流れるのではないかと心配になるかもしれませんが、電気が流れるのは2枚のパッドの間だけなので、電気ショックを与えるときに倒れている人に直接触れていなければ、全く心配ありません。

金網や金属の上では？

　倒れている場所が金属板や金網の上でも、AEDはそのまま使用できます。金属は電気を通しますが、その上で使っても、周りの人は心配ありません。

　ただし、パッドが金属面に直接触れないように注意してください。パッドが胸にしっかり貼ってあって、粘着面（裏側）が金属に触れていなければ大丈夫です。

　そして、電気ショックを与えるときに、倒れている人に直接触れていなければ、行っている人や周囲の人に電気が流れることはありません。安心してAEDを使用してください。

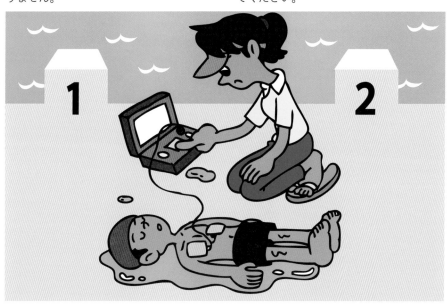

医療用パッチが貼られている

　狭心症の病気がある人などで、治療のために小さな医療用パッチ（数センチくらいで肌色あるいは透明のパッチ）が胸に貼られている場合があります。パッチが貼られている場合、これをはがしてから電気ショックを行ってください。ただし、このパッチは２〜３cmと小さく、色も皮膚と同じようなので、急いでいるときは気がつかないこともあります。

　気づかず、パッチを貼ったまま電気ショックをかけても大きな障害はありません。パッチを貼っていたところが軽いやけどを負うくらいで、大きな害はありません。

もちろん除細動の効果にも影響しません。

ペースメーカーが植え込まれている

　正常な心臓は、自動能といって心臓自体に規則正しいリズムの鼓動を繰り返すような仕組みがあります。心臓の右心房から電気信号が発せられて、この信号によって規則正しい収縮を繰り返します。この電気信号を発するところをペースメーカーといいますが、ペースメーカーの調子が悪く、人工的なペースメーカーを体に植え込んでいる人がいます。人工的なペースメーカーから発せられた電気信号がリード線を通って心臓に伝えられているのです。

　このような人に電気ショックを与える場

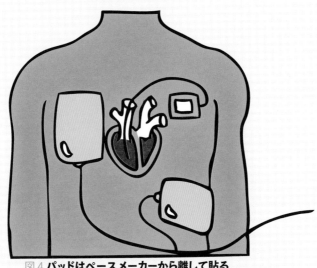

図４ **パッドはペースメーカーから離して貼る**

合には、ペースメーカーから3cmくらい離して AED のパッドを貼ってください（図4）。

このペースメーカーという機械は多くは胸の左上に植え込まれていて、大きさは5cmくらいで皮膚の上から硬くこぶのように触れます。パッドは胸の右上と左下に貼りますから、あまり問題になることはありませんが、まれに胸の右上に植え込まれている人もいます。

いずれにしても、ペースメーカーが植え込まれている人にも AED は使用できます。

救急隊が到着したときどうするか？

AED を使用しているときに救急隊が到着したら、救急隊の指示に従いますが、心電図の解析をしている最中、電気ショックが必要で充電中、あるいはまさに電気ショックのボタンを押そうとしているときは、救急隊にそのことをすぐに告げて、そのまま操作を続けてください。

救急隊員が声をかけてきて、「操作を引き継ぎましょう」、あるいは「われわれが代わります」と言われるまでは、みなさんが操作を続けてかまいません。引き継ぐときはパッドを貼ったままにしておき、AED の電源は入れたままにしておきます。

救急隊員から「電気ショックは何回かけましたか」、あるいは「どんな様子でした

か」などと聞かれることがあります。そんなときは、倒れたときの様子やその後のみなさんが行ったことを教えてあげてください。取り調べではありませんから、神経質になる必要はありません。

倒れている人に触れてはいけないとき

心電図を読み取り解析するとき、あるいは電気ショックのボタンを押して通電するときは、「患者に触れないでください」あるいは「患者から離れてください」という音声メッセージが流れますから、これに従います。

周囲に人がいるときは、電気ショックのボタンを押す前に、周囲の人も倒れている人に触っていないか確認してください。

パッドを貼るとき

パッド（電極）は、心電図の読み取りと電気ショックの通電に大切な役割を果たします。パッドの粘着面全体を、しっかり体に密着させるように貼ってください（図5）。

毛深い人では毛を剃り落とすことが必要です。胸毛を取り除く方法としては、一度ガムテープなどを貼って剥ぎ取るか、カミソリがAEDのケースの中に入っていればそれを使って剃り落としますが、日本人でその必要のある人は少ないと思います。

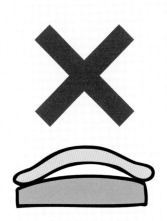
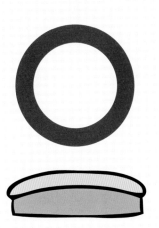

図5 パッドの粘着面を身体に密着させる

《6 救命手当て

救命の連鎖

bystander CPRの重要性

　心臓が突然停止して倒れた人が、救命され、社会復帰する条件は、①目撃者がいること、② bystander CPR（その場に居合わせた人による心肺蘇生）が実施されること、③早期除細動が実施されること、といわれています。ここでいう社会復帰とは、心臓が停止した人が、救命手当てや病院での治療によって心臓の動きが戻り、障害が残らず元の状態に戻れることをいいます。

　心臓が停止すると、血液が大切な臓器に流れなくなります。臓器は血液によって酸素や栄養素を供給され、その機能を保っていますから、もし血液が流れなくなるとその機能を失います。特に、脳は数分間血液が流れなくなるとその機能を失い、例え再び血液が流れてもその機能が回復することはありません。

　したがって、心臓が停止した場合は、3分以内になんらかの方法で脳に血液を送らなければなりません。それが CPR です。

　もし CPR が実施されても、心臓が停止してから3分を超えていると、例え心拍再開（心臓の動きが戻ること）しても、脳の機能が回復して意識が戻る可能性はほとんどありません。

　目撃者とは、すでに倒れている人を発見する（発見者）ということではなく、それまで元気にしていた人が、まさに倒れる瞬間を目撃するということです。目撃者自身、あるいはその場に一緒に居合わせた人が CPR を実施すれば、心臓が停止してもすぐに脳へ血液を送ることができ、心拍再開したときに脳機能の回復が期待できます。目撃者の存在、bystander CPR の重要性が理解できると思います。

心原性の心停止と CPR

　心臓が急に停止する原因は、心原性と非心原性とに分けられます。

　心原性とは、心筋梗塞や不整脈など、心臓に最初の原因があって心臓が停止する場合であり、心臓突然停止（SCA：sudden cardiac arrest）といいます。この場合、心臓が停止する直前まで、脳には酸素を十分に含んだ血液が流れていますから、3分以内に CPR が実施されれば脳機能の回復は十分可能になります。特に、SCA の約60% は心室細動を起こしていますから、早期除細動によって心拍再開の可能性が高く、社会復帰率も高くなります。

　非心原性には、窒息などによる呼吸不全や重篤な脳出血、肺血栓栓塞症（エコノミークラス症候群）など、心臓以外の臓器に原因があり、低酸素血症（血液中の酸素濃度が低下している）などを起こして最後に心臓が止まってしまうものです。この場合、心臓が停止するときには、すでに低酸素血症により脳の機能は障害されており、心臓

の動きが戻っても、脳機能が回復するのは困難です。

連鎖のスタートは目撃者

目撃→ bystander CPR →早期除細動、この一連の流れが大切なことは理解できたと思いますが、心臓が突然停止して倒れた人が、救命され、社会復帰するためには、目撃者から始まる『救命の連鎖』が機能することが重要です。

救命の連鎖は①予防、②心停止の早期認識と通報、③一次救命処置（CPRとAED）、④二次救命処置と集中治療ですが（図1）、目撃者はこの連鎖の②心停止の早期認識と通報をスタートさせる重要な役割を果たすのです。

スポーツの現場では、目撃者がいることがほとんどです。その目撃者は、通報者とCPRの実施者となってください。自らが119番通報をし、AEDを取りに行くこともあるでしょう。周囲に人がいれば119番通報やAEDの手配を指示することもあるでしょう。そして、できるだけすみやかにCPRを実施してください。

スポーツの指導者は救命講習を受講している場合が多いのですが、選手自身が目撃者となることも多いはずです。指導者、トレーナーだけではなく、選手や家族など、スポーツにかかわっているあらゆるみなさんが、救命講習を受講しておくことをお勧めします。

①心停止の予防　②心停止の早期認識と通報　③一次救命処置（CPRとAED）　④二次救命処置と集中治療

図1 **救命の連鎖**

2 救命手当ての手順

手順は大人も子どもも同じ

　スポーツに関連した心臓突然停止は、ほとんどの場合、心室細動を起こしています。心室細動が発症した場合、救命するには電気ショックによる除細動が必須なので、早期除細動を重要視してください。

　小児とは出生後から思春期（おおよそ中学生くらい）までとしますが、小児の一次救命処置は基本的には成人と同じ方法です。ただし、窒息や溺水が強く疑われるときはできるだけ人工呼吸も実施してください。また、胸骨圧迫と人工呼吸の比は、救助者が1人のときは30:2ですが、救助者が2人のときは15:2にしてください。

　スポーツ中の急な心臓停止は心臓に原因があり、心室細動を起こしている可能性が非常に高いので、AEDの手配とただちに胸骨圧迫を開始することが重要です。スポーツ中に急に倒れた人に対する救命手当ての手順を示します。

①意識状態の観察

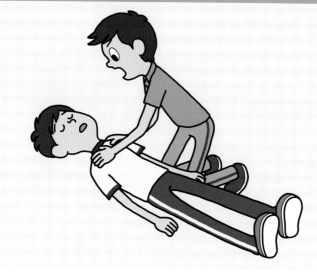

　急に意識を失って倒れた人を見かけたら、倒れた人に近寄り、両肩を自分の両手で軽く叩きながら大きな声で3回呼びかけます。

② AED の手配と 119 番通報

反応がなければ周囲の人を大声で呼んで、「そこのあなた、119番通報してください」「そこのあなた、AEDを持ってきてください」と、指をさして指示します。ほかにも人がいれば、CPRの手伝いをお願いします。

③呼吸の観察

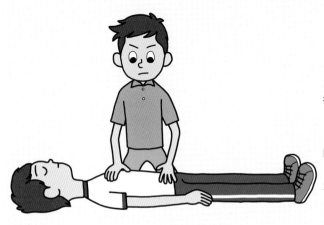

気道の確保はしなくてもよいので、胸とお腹の動きを見て、普段どおりの呼吸をしているか見ます。

この観察は10秒以内で行います。普段どおりの呼吸が見られなければ「呼吸なし」と判断します。あえぐような呼吸も「呼吸なし」とします。

④呼吸があるとき

普段どおりの呼吸をしているときは、回復体位にして救急隊の到着を待ちます。

回復体位

⑤胸骨圧迫

普段どおりの呼吸がなければただちに胸骨圧迫を開始します。その後は、胸骨圧迫30回と人工呼吸2回を繰り返します。

⑥人工呼吸

　胸骨圧迫を30回行ったら、次に人工呼吸を2回行います。頭部後屈あご先挙上法（P34図8参照）で気道を確保して行います。感染の心配はほとんどありませんが、手元に感染防護具があれば使用します。人工呼吸は10秒以内で行いますが、自信がなければ省略して胸骨圧迫だけを続けます。

⑦胸骨圧迫と人工呼吸

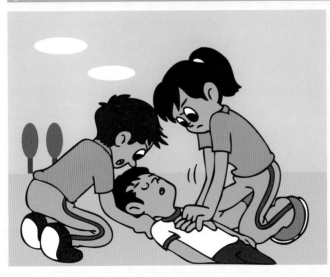

　AEDを取りに行っているときはAED到着まで、AEDが近くにないときは救急隊が到着するまで、胸骨圧迫と人工呼吸を繰り返します。
　周りに人がいれば、胸骨圧迫と人工呼吸を別の人が分担して行います。

⑧ AED の到着・スイッチ

　AEDが到着したらすぐにAEDのスイッチを入れます。
　そのあとはAEDの音声メッセージに従って操作しますが、「患者から離れてください」のメッセージがあるまで、できるだけ胸骨圧迫を続けてください。

⑨ パッドの装着

　倒れている人の服を脱がすなどして胸の肌を出し音声メッセージに従い、パッドに描いてある表示のようにパッドを貼り付けます。

⑩ショックの実行

音声メッセージに従って心電図の解析を待ち、ショックが必要とのアドバイスがあればその指示に従ってショックを実行し、そのあとは直ちに胸骨圧迫からCPRを再開します。

ショックは不要のメッセージのときは、そのまま直ちに胸骨圧迫からCPRを再開します。

⑪胸骨圧迫と人工呼吸

　２分間、胸骨圧迫と人工呼吸を繰り返したら、再びAEDの音声メッセージに従い心電図の解析を待ちます。そのあとは ⑩ へ戻り、同じことを繰り返します。

　CPR は、救急隊が到着し、救急隊の指示に従って引き継ぐまで続けます。救急隊が到着する前に CPR を中止するのは、胸骨圧迫をしているときに相手が動いたり、明らかに呼吸が感じられたりして、心拍再開していると思われるときです。そのときは、回復体位にして救急隊の到着を待ちます。救命手当てにおいて大切なことは、1回目のショックをできるだけ早く実施することと、絶え間ない胸骨圧迫を続けることです。救急隊に引き継ぐまでパッドは貼ったままにして、電源も入れたままにしておきます。

監督という偉大な存在 ―お茶当番って何だ？―

第1版の column で、スポーツドクターとして活動するときに、最大の難関となる監督について書きました。今回も監督について少し触れてみます。

2019年1月、当時横浜ベイスターズ所属の筒香嘉智選手が、日本外国特派員協会で会見を行いました。そのとき、子どもたちが置かれている過酷な野球環境の改善に向けて、いくつかの提言を行いました。

以前も書きましたが、日本における監督（特にアマチュア野球）は、海外でいうヘッドコーチの役割だけではなく、選手の獲得、試合日程等のマネジメント、選手の生活管理など、多くの役割を果たしています。大変な仕事である一方、強い権力を持っているのも事実です。その権力を振りかざすことも多いのではないかと感じていました。最近はだいぶ改善されたような話も聞きますが、筒香選手の会見の内容を見て、改善どころかエスカレートしているところも多いなーとびっくりしました。

勝利至上主義、そのため練習時間も長く（練習時間が長ければ強くなるというものではありませんが……）、子どもを酷使し、怒鳴り、罰を与えるなどなど……。今でも変わっていないのかと思いました。これは指導の域を超えていて、まさに「小児虐待」です。

さらに、新しい事実にびっくりしました。お茶当番なるものがあるとのことです。選手の母親たちが、監督やコーチの好みに合わせてお茶やお菓子を準備し、練習や試合のたびに彼らのお世話をするとのこと。車での送迎もすることがあるらしい。休日もほとんど練習や試合で、母親も早朝から夕方遅くまで観ていなければならないらしい。このようなチームの野球少年の家族には、一家団欒の時間がなくなってしまうそうです。本当なのかと疑い、知り合いの子どもが少年野球をしているので、聞いてみたらそのとおりでした。

勉強をする時間もなくなり、子どもは疲れ果ててしまう。母親が「練習時間を短くしてください、少し休日の練習を休みにしてください」と監督にお願いしようものなら、監督は母親らを罵倒し、「嫌なら辞めればいい」と言い、子どもに辛く当たることになるらしい。だから母親たちは何も言えず、子どものために次第に監督に気に入られるような行動をしてしまう……。これはまさに「ハラスメント」です。

筒香選手はこんな状況を変えたくて会見に臨んだのでしょうか。「子どもが野球を楽しめない、野球を嫌いになってしまう」そんな思いでしょうか。頑張れ！　筒香嘉智選手！

監督の皆さん、野球少年への虐待をやめてください。保護者へのハラスメントをやめてください。子どもの心と身体を大切にしてください。子どもはあなた方のストレス発散の道具ではありません。子どもはみんなの宝です。早く気づいてください、野球の危機に！

第2章
事故防止と救護体制

スポーツ活動中には不慮の事故が起こると想定しておくべきだ。突然の出来事で失われかけた命を、救うことができるように、事故防止の基礎知識と、学校、遠征、大会運営における救護体制を知ろう。

《1 事故防止

1 事故防止の原則

外傷・疾病の予測と予防策

　スポーツに参加する人は増加傾向にあり、そのレベルは競技志向からレクリエーションスポーツまでさまざまです。

　競技レベルは向上し、また近年は競技も多様化しています。BMX やスケートボードなどもオリンピック種目になりました。

　このように競技レベルや種目が多様化するなか、運動中の外傷や疾病はどのレベルでも、どの競技でも発生する可能性があります。スポーツ参加の目的が健康志向であれば、外傷や疾病の発生は避けたいものです。しかし、運動負荷は心臓を中心とした内臓や、関節・筋などの運動器官に少なからず影響を与えます。

　体調が不十分であるときはその影響が症状として表れやすく、また、健康な状態であっても負荷が生理的限界を超えたときは、さまざまな外傷や疾病が発生します。

　競技スポーツであれば今後の選手生命に大きな影響を残すものであってはなりません

し、健康志向のスポーツであれば大きく健康を損なうようなものであってはなりません。

　自身の能力や体調を把握して、それに適した種目や運動量を判断することにより、疾病や外傷の発生を減少させることはできます。しかし、スポーツを行う以上、どんなに注意しても 100% 疾病や外傷を防ぐことはできません。

　そこで、次の手立てとしては、外傷や疾病が発生したときに、最小限に食い止めるための方策が重要となります。そのためには、リスクを予測して予防を心がけるとともに、発生を想定して救護の対策を立てておくことが重要です（表 1）。

表 1 **スポーツ現場で準備しておくこと**

❶事故は起こることを想定する
❷スタッフは救急蘇生法の講習を受ける
❸必要な救護資器材を使用可能にしておく
❹スタッフ全員が救護体制を確認しておく
❺緊急時のリーダーを決めておく
❻役割を分担して救護の訓練を実施する
❼事故発生時は試合を止める
❽安全にはお金がかかることを認識する

2 スポーツに関連した外傷の発生

外傷の知識と応急手当て

　どのようなスポーツにどういった外傷が多いかを知っておくことは、応急手当てをするためには重要な知識の 1 つになります。あらかじめ知識をもつことによって、

重症度の評価や、それに応じた現場での処置、あるいは病院受診のタイミングなど、さまざまな面において適切な判断と対応が可能になります。

　すべてにおいて救急車を呼んで、すぐに病院へ搬送すればすむかもしれません。し

かし、これでは、限りある医療資源を無駄にすることになります。

また、現場で適切な処置を行うことによって症状を軽減させ、治療期間を短縮させることが可能な場合もあります。しかし、これもやはり知識がなければできることではありません。

種目によって異なる外傷

スポーツ外傷は、競技種目に特有のものもありますが、参加する人の年齢、レベルが多様化し、また競技も変化しており、外傷の種類は多岐に及びます。

例えば、サッカーとフットサルは似たような競技に思えますが、ルールやコートの広さが異なり、そのため発生しやすい外傷にも差が出てきます。サッカーは当然のごとく下肢の外傷は多いのですが、接触プレーや転倒による上肢の外傷、頭部外傷も見られます。一方、フットサルは接触プレーが禁止されているため、上肢の外傷や頭部外傷は少なく、コートが狭くターンなどの動きが激しくなるため、足関節捻挫や膝の靭帯損傷が圧倒的に多くなります。

種目別に比較的多く見られるスポーツ外傷を表2に示します。

陸上競技

1）マラソン

マラソンで最も緊急性を要する状況は、心臓突然停止（SCA: sudden cardiac arrest）です。一般人が参加するマラソン大会では、0.5〜1件／10万人であり、競技レベルでは1〜2件／10万人で発生しています。

ご存じのように東京マラソンをはじめ、各マラソン大会では、毎年何人かの人が心停止を起こしています。以前はマラソン大

表2 **種目別の主なスポーツ外傷**

種目	主な外傷
野球	手指骨折、足関節捻挫、顔面外傷、脳振盪、心臓震盪
サッカー	足関節捻挫、手関節脱臼骨折、手指骨折、膝関節靭帯損傷、脳震盪
テニス	足関節捻挫、アキレス腱断裂、膝関節靭帯損傷
フットサル	足関節捻挫、アキレス腱断裂、膝関節靭帯損傷
バスケットボール	足関節捻挫、前腕骨骨折、手指骨折、膝関節靭帯損傷
バドミントン	アキレス腱断裂、足関節捻挫
ラグビー	肩関節脱臼、鎖骨骨折、肩鎖関節脱臼、頸椎・頸髄損傷、脳振盪
柔道	鎖骨骨折、膝関節靭帯損傷、脳震盪をはじめ頭部外傷
マラソン	心臓突然停止
モトクロス	鎖骨骨折、腹部外傷

会で多くの人が死亡しましたが、現在では各マラソン大会で救護体制がしっかりしてきたため、おおかたの人が救命され、無事に社会復帰しています。

2）短距離・ハードル競技

瞬発的な動きにより、筋線維の損傷（肉離れ）を起こしやすくなります。ハードル競技では、ハードルに下肢を引っ掛けることにより転倒し、頭部外傷や頸椎・頸髄外傷を起こす恐れがあります。

3）跳躍競技

ジャンプの際にはアキレス腱断裂を起こす可能性があります。また、棒高跳ではマットから外れたところに落ちた場合、高所墜落外傷となり、頭部、頸椎・頸髄、胸部・腹部、骨盤・四肢など多発外傷の恐れもあります。

4）投てき競技

ハンマーやヤリ、円盤など武器になりうる物を投げる競技ですから、十分な注意が必要です。競技会においても予測しない方向へ投げられることもありますし、練習では過去には監視がきちんと行き届かないことによる事故があります。もし事故になれば、死に直結する惨事になります。

ラグビー、アメリカンフットボール

ラグビー、アメリカンフットボールなどはコンタクト・スポーツといわれ、タックルなどが多く、瞬発的に大きな力が作用します。そのため、重大な頭部外傷や脊椎・脊髄外傷が発生する可能性があります。

タックルの際に頭部に大きな回転力が加わり、その結果、重大な脳損傷を伴うことがあります。受傷直後から意識障害が高度で、生命の危険を伴ったり、大きな後遺症を残したりすることがあります。脳振盪を見逃してプレーを続け、さらに脳に衝撃を受けると重大な脳損傷を発生しやすいといわれています（3章の頭部外傷の項を参照）。

脊椎・脊髄も、頭部外傷に伴って多く見られる外傷です。重大な後遺障害を残すこともあり、寝たきりや車椅子の生活になり悲劇的な事態となります。受傷直後の応急手当てによって麻痺症状の出現を予防できる場合もあり、現場での対応が最も大切な外傷の1つです。

タックルをすることが多い競技ですから、肩周辺の外傷も多くなります。肩関節脱臼、鎖骨骨折、肩鎖関節脱臼などが見られます。

骨盤・四肢外傷も多く、上肢の骨折、膝関節靱帯損傷、足関節捻挫、股関節脱臼などですが、いずれにしても外傷発生の多い競技です。

柔道やレスリングなどもコンタクト・スポーツで、同様の外傷が発生しています。

特に近年、柔道における急性硬膜下血腫をはじめとする重症頭部外傷による死亡例が報告されています。中学の武道必修化に

ともない最も注意を要するスポーツ外傷の1つです。

野球、ソフトボール

野球やソフトボールではヘルメットを着用しているので、頭皮の外傷は少ないのですが、デッドボールが直撃した場合は脳振盪が発生することもあり、いったんベンチに引き上げ、脳振盪症状のチェックは入念に行うべきです。

手指の外傷が多く、デッドボール、ボールのキャッチ、ヘッドスライディングのときに発生します。手袋の着用、適正なボールキャッチなどで予防が可能です。

胸部へ打球や送球を受けたとき、心臓震盪の発症には注意すべきです。予防は難しいのですが、補球動作の改善などに予防の可能性があります。また、発症時の対応には、心肺蘇生法と AED が必要になります。

トスバッティングの際、ボールをトスした選手に打球が直撃する事故があります。頭部や顔面を直撃すると重大な後遺症につながることがあり、ネットやヘルメット、フェイスガードなどの安全対策が必要です。

サッカー

サッカーもコンタクト・スポーツになりますから、接触プレーによって外傷が発生します。足関節の捻挫はもちろん、転倒に

よる上肢の外傷も発生します。手を突くことによって前腕骨の骨折が発生しますが、肩を横方向から強く打つと、鎖骨骨折や肩鎖関節脱臼が見られます。

ヘディングによる頭部外傷も見逃せません。特に子どもの脳は脆弱ですから、衝撃が繰り返し加わることによって、重大な脳損傷をきたしやすいのです。子どもの場合、繰り返しヘディングの練習を行うのは危険だと認識してください。イギリスではヘディング練習による子どもの脳障害を予防するため、年齢ごとにヘディング練習の可否、頻度を決めています（P74COLUMN参照）。

そのほかのスポーツ

瞬発的な足の踏み込みはアキレス腱断裂を起こしやすく、バスケットボール、バレーボール、バドミントン、フットサルなど、硬い床で瞬間的な力が加わる状況では発生が多く見られます。

最近ではフリースキー競技が流行しつつありますが、これまでより大きなジャンプを行いますので、膝の靱帯損傷が高率に発生します。十分な注意と予防のためのトレーニングが必要になります。

馬術での落馬は、頭部、頸椎、胸部・腹部外傷、あるいは骨盤骨折など、生命の危険を伴うことが多くなります。

≪2 救護体制

| 救護体制の原則

外傷・疾病発生の予測と救護準備

　多くの人が、練習中や競技中に事故が発生してほしくはないと考え、あるいは発生しないと思ってしまいます。しかし、現実には一定の割合で事故は発生します。ですから、発生したときのことを想定して準備しておくことが必要です。

　その場合、種目の特性や競技者の年齢あるいはレベル、練習や試合への参加人数、観客数と年齢層、そして天候などが、発生する疾病や外傷の予測に役立ちます。

　疾病についていえば突然発症するものが問題となりますが、心臓突然停止はもちろん、若年者では運動誘発性のぜんそくやアナフィラキシーなどが、中高年では脳血管障害（脳出血や脳梗塞）も緊急処置が必要になります。毎日の選手の健康状態や既往歴を把握しておくことも、予防や緊急対処には大切なことになります。

　環境因子によるものでは、熱中症や光化学スモッグ障害などがあります。起こりや

すい環境因子を理解していれば予防も可能ですし、あまりにも状況が悪ければ中止など勇気ある決断も必要です。

　外傷に関しては過去の発生事例が参考になります。競技会などは毎年同様の規模で企画されますので、外傷の種類、程度あるいは頻度などが参考になります。

　常に最悪の状況は考えておかなければなりませんが、軽症、中等症の事故がどれだけ発生するかを把握しておくことは、ファースト・エイドの規模、救護資器材の準備あるいはどのような医療機関を確保するかの判断にはとても役立ちます。このためには、毎年の事故報告を詳細に記録しておくことが大切です（現場での緊急度・重症度の判断及び応急処置、医療機関での確定診断、搬送手段、その後の経過などを振り返り、改善すべき点などを記録しておくことが必要です）。

　観客数が多い大会などでは観客にも配慮が必要になり、その分も含めた救護体制が求められます。

2 学校での救護体制

事前に情報を入手

　学校における救護体制を整える際、アドバンテージがいくつかあります。

　まず第1に、救護の対象になる人が決まっていることです。多くは児童、生徒で

あり、一部は教職員となりますが、事前に情報を入手しておくことが可能です。

　既往歴はもちろん、毎日の健康状態（例えば発熱の有無、脈拍数、体重の変化、睡眠時間、食事量など）をチェックしておくことができます。そのほか、血液型、アレ

ルギーの有無、家族の連絡先など、病院で必要な情報もあらかじめ整理しておくことができます（表1）。

　個人ごとに情報を整理してファイルしておくとよいでしょう。また、毎日のように行う部活動などでは、毎日の健康状態を継続して記録しておくことがよいと思います。毎朝安静時の体温と脈拍、体重変化、睡眠時間、食事量、排便などは、健康状態把握の基本になります。

初期対応をシステム化

　第2のアドバンテージは、施設、教職員が固定していることです。事故発生時の初期対応に関しては、連絡システム、AEDや救急材料の設置場所、周囲の医療機関、消防署との連携など、毎日変化することはなく、継続性があり全員が理解しやすいことです。新学期の人の入れ替えがあるときなどに訓練を実施すれば、その後は継続性があるので便利です。

　これを利用して、周囲の医療機関とは定期的に、あるいは運動会などの開催前に連絡を取り合っておくことができます。また、消防機関を交えて、定期的に救命講習や事故発生時の連携訓練なども実施することができます。そして、多くの場合、持病をもつ子どもの主治医が近くにいることです。個人情報に主治医の情報も追加しておくと便利です。

医療機関との連携

　医療機関との連携は普段から構築しておく必要があります。どの医療機関がどういう病気やケガに対応できるか、事前に情報を交換しておくと、いざというときに慌てずにすみます。また、夕方や休日に行うクラブ活動などでは、医療機関は診療時間外になり、普段と同じ診療ができるとは限りません。近隣の医療機関の救急医療体制も確認しておく必要があります。

　運動会などを開催するときは、負傷者が多数になる可能性もあり、消防機関や医療機関と事前に打ち合わせをしておくことが必要です。自身の学校について、例年の状況から予測しておくこともできますが、大きな事故は滅多にないので、ほかの施設についての大きな事故を参考にすることも必要です。

取り決めと応急手当ての講習

　病気やケガが発生したときに、現場での対応ですむ場合から、救急車で病院へ搬送しな

表1 記録しておきたい情報

❶アレルギーの有無
❷既往歴・家族歴
❸治療中の病気（特に内服中の薬）
❹血液型
❺身長・体重
❻最終食事時間
❼生年月日
❽家族の緊急連絡先

ければならない場合までさまざまです。重症度や緊急度に応じた搬送手段を取り決めておくことも必要です。ちょっとした擦り傷などで救急車が呼ばれるケースもあり、不適切な救急車の利用は社会問題にもなっています。

応急手当てを養護教諭など一部の人に任せ切りにせず、みんなで認識することが大切です。目撃者自身が救助者になることが大切で、目撃者が別に救助者を探しに行くようでは、救命手当ては遅れてしまいます。現在では教職員のみならず、児童・生徒も含めた救命講習の受講も普及しつつあります（表2）。

3 遠征における救護体制

遠征先の医療情報を入手

遠征時の救護体制となると、学校の救護体制に比べてデメリットになる部分がありますが、メリットもあります。

遠征に参加する人数は限られますから、個人の情報を把握しやすくなります。また、多くの場合はすでに選手の特性をつかんでいることが多いので、対応しやすくもなります。毎日の健康管理もできますから、疾病予防にもつながります。競技も決まっていますから、発生しやすい外傷も特定でき、準備する資器材も決めやすくなります。

デメリットとしては、遠征先の医療事情を把握できていないことです。大会参加では、主催者がある程度の情報をもっていることもありますが、当てにできないことが多いのも事実です。各都道府県には医療情報センターが設置されていますから、あらかじめ情報センターに連絡をして、近隣の医療情報を入手しておくこともできます。遠征先の直近消防署を訪ねて、医療情報を入手するのもよいでしょう。

遠征先に持参するものとしては、各選手が日常使用している薬の確認、感冒薬や胃腸薬など市販品で準備可能なもの、創傷処置など応急手当てに必要な物品、個人情報のファイルですが、健康保険証を忘れがちです。健康保険証も忘れずに遠征先に持参してくださ

表2 学校で行う救護体制

| ❶個人情報をファイル |
| ❷毎日の健康状態をチェック保存 |
| ❸事故発生時の対応システムを明記 |
| ❹疾患別に連携医療機関を整理 |
| ❺夜間・休日の救急医療体制をチェック |
| ❻医療機関への搬送手段の取り決め |
| ❼全員参加で救命講習受講 |
| ❽全員参加で応急手当て講習会 |

表3 遠征に際して心がけること

| ❶個人情報を持参（特に連絡先） |
| ❷毎日の健康調査票を作製 |
| ❸遠征先の医療情報を入手 |
| ❹常用薬（お薬手帳）持参 |
| ❺可能な市販薬を準備 |
| ❻応急手当て資器材 |
| ❼健康保険証持参 |
| ❽AED |

い。また、屋外競技会場や合宿先などには AEDが設置されていない可能性もあります。

これからは AED を常に持参する時代だと思います（表3）。

4 大会運営における救護体制

地域の医療機関との連携

大会の開催時などは傷病者数が多くなり、観客のことも配慮しなければならないので、あらかじめ救護体制についての打合わせが必要になります。まず、地域の消防機関と連携することが重要です。会場と消防機関との位置関係、救急車による搬送能力、他地域からの応援体制について話し合っておくことが必要です。消防機関も多様な業務がありますから、開催日時が決まり次第、早めに相談することが必要です。

もちろん、会場のファースト・エイド設置は必要です。設置場所、設置数、対応する人員数、資器材について、過去の大会やほかの会場を参考にして準備を進めます。また、現場への救急救命士の派遣をお願いすることもよい手段だと思います。彼らは救命処置についてはもちろんのこと、重症外傷の初期対応にも優れた能力をもっています。また、緊急度・重症度の判断も的確で、病院前救護には最適任者だと思います。

地域の消防機関との連携

医療機関への協力要請も大切です。単に文書で通知するだけのことがありますが、それでは連携はうまくいきません。直接病院へ赴いて、予測される病気や外傷の種類、程度及び人数などについて打ち合わせをしておきます。大会は休日に開催されることが多く、通常の医療体制とは異なります。そのことも確認しておく必要があります。事前に打ち合わせをすることによって、医療機関側も必要に応じて特別な人員配置や、連携医療機関との協力体制を考慮してくれる場合があります。

病院への搬送手段はすべて救急車というわけではありません。手指のケガ、軽い捻挫などに救急車以外の搬送手段を準備しておくことも必要です。また、スタッフ間の連絡手段として、携帯電話ではなく無線機を準備しておくのも有用です（表4）。

表4 **大会運営での救護体制**

❶過去の情報分析（事故の数、種別など）
❷消防機関との打ち合わせ
❸医療機関との打ち合わせ
❹ファースト・エイドの規模決定
❺救急救命士の協力依頼
❻救急車以外の搬送手段準備
❼無線機の準備
❽シミュレーション訓練

COLUMN

魔法のやかん？何だ！

もう 20 年以上前の話ですが、ラグビーの世界には"魔法のやかん"がありました。ラグビーの試合で、選手が倒れて意識を失ったり、すぐに起き上がれなかったりすることがよくあります。そんなとき、"魔法のやかん"が登場します。ベンチから救護員が大きなアルマイト製のやかんを持って選手のところへ向かいます。そしてやかんの中に入っている"お薬"を選手の頭にかけます。すると選手は目を覚まし、起き上がって頭を左右に振りながらプレーに戻って行きます。

この"お薬"の正体はただの水でした。でも、この水をかけることによって元気になりますから、やかんの力かもしれません（＊^-^＊）。そして"魔法のやかん"と呼ばれるようになり、テレビ中継のアナウンサーも"魔法のやかん"と言っていました。

今思えば、これは脳振盪でした。水をかけている時間に少しずつ回復していったのです。当時の選手交代は負傷による場合だけで、脳振盪という概念もあまりなく、そもそも脳振盪は負傷のうちに入らなかったのでしょう。ですから"魔法のやかん"は貴重な存在でした。

その後、世界のラグビー統括団体は選手の健康管理に取り組む一環として、脳振盪への対応を見直してきました。2019 年のラグビーワールドカップのテレビ中継でも解説がありましたが、その 1 つが HIA（head injury assessment 頭部外傷の評価）です。

審判の目や映像から頭部への衝撃が疑われるときは、選手は一旦フィールドから外れ、ドクターが頭部外傷について評価する制度です。脳振盪と判断されれば、プレーを続行することはできません。HIA の間は代わりの選手が出場することが認められています。この制度の効果として、制度導入前は脳振盪を起こした選手の 56％がプレーを続けていたのに対し、導入後は 12％に減ったそうです。また、脳振盪と診断された選手の段階的競技復帰プログラム（GRTP:Graduated Return to Play）も脳振盪対策の 1 つです。こうして"魔法のやかん"はその役割を終え、選手の安全が守られるようになりました。

他に脳振盪への対応で興味深いのは、イングランドサッカー協会が発表した"ヘディングに関する新しいガイドライン"です。これは、サッカー選手における脳振盪のリスクについての医学的根拠に基づいたものです。特に脳振盪のリスクが高い 18 歳以下の選手を守るためのもので、年齢別にヘディングの練習を制限する内容になっています。7 〜 11 歳はヘディング練習を禁止、12 歳は月に 1 度の練習、1 度の練習でヘディングは 5 回まで、13 歳は週に 1 度、1 度に 5 回まで、14 〜 16 歳は週に 1 度、1 度に 10 回まで、18 歳でも可能な限り練習を減らすとされています。

脳振盪を軽く見ずに、しっかり対策に取り組みましょう！

第3章
スポーツに関連した外傷・疾病

スポーツにかかわるすべての人が、スポーツ外傷・疾患の知識をもつことで、迅速かつ適切な救命手当てや応急手当てができるようになる。発生機序からその対処・予防を理解しよう。

≪1 突然死

| 基礎知識

　わが国における突然死の発生数は、年間に12万人余りといわれています。突然死は、「突然で予期されなかった内因性の死亡」とされ、一般的には発症後24時間以内に死亡した場合をいいます。近年では、突然心臓が停止した場合でも、救命処置及び集中治療により、24時間以上生存したあとに死亡する例もありますが、このような例でも発症状況から突然死として扱われます。

　内因性とは、死亡に至る原因が心臓や肺、脳などの病気であり、外傷や熱中症など外的要因による死亡（外因死という）は含まれません。胸部に衝撃が加わったことにより心臓が停止してしまう心臓震盪は、厳密には外的要因によるものですが、心臓停止の原因が致死性不整脈なので、死亡した場合は突然死に含めておいたほうがよいでしょう。

スポーツの突然死は避けられる

　突然死のうち、スポーツに関連したものは数％以下といわれていますが、若年者ではスポーツに関連したものが占める割合が多く、またスポーツは本来健康志向に基づいて行われることが多いので、突然死はなんとしても避けたいものです。潜在する基礎疾患、発生するリスクやメカニズムを理解することにより、スポーツ中の突然死は予防することが可能です。また、心臓の突然停止が発生しても、適切な救命処置を実施すれば社会復帰（元どおりの生活に復帰すること）する可能性が高いのです。

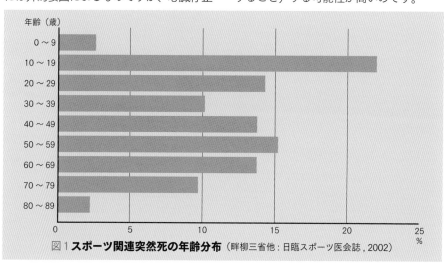

図1 **スポーツ関連突然死の年齢分布**（畔柳三省他：日臨スポーツ医会誌, 2002）

2 発生年齢

中1、高1で急増

　スポーツに関連した突然死はあらゆる年齢層に見られますが、2002年に報告された国内の状況では、10代が最も多く21.7％を占め、それ以外では9歳以下と80歳以上を除くと、おおむね全年齢層に均等に分布しています（図1）。

　就学期では、小学生、中学生、高校生と学齢が上がるごとに順次増加し、特に中学1年生になったときと、高校1年生になったときに急増します。これは主にクラブ活動において、小学校から中学校へ、中学校から高校へ進学した際に、新1年生の発育が、進学先の学校のクラブ活動における運動強度に対応できないことが原因と考えられています。

　発育が急激で個人差が大きい時期なので、学年や個人に対応した運動負荷を考慮することが必要です。逆に新入生のほうが上級生よりも運動負荷が大きいような練習メニューも見受けられるので注意が必要です。

3 原因となるスポーツ

若年者に多いのはランニング中

　原因となるスポーツ種目は、ランニングが最も多く、次いでゴルフ、水泳、ゲートボールなどが続きます（表1）。

　年齢による特徴があり、年齢層別に種目別の発生割合が報告されています（図2）。ランニング、水泳、野球、バスケットボール、サッカーは若年者に多く、ゴルフ、体操、テニス、ダンス、ゲートボール、剣道は中高年に多く見られます（表2）。

　野球、バスケットボール、サッカーにおいても実際はランニング中に心臓停止が発生するので、若年者ではほとんどがランニング中に発生していることになります。また種目には地域性もあり、表2は東京23区での数値なので、体操、ダンス、ボウリングなど屋内スポーツが多いのですが、地方ではゴルフ、ゲートボール、登山など郊外型スポーツが多くなります。

運動強度に関係なく発生

　注目すべきことは、スポーツに関連した突然死は、程度の差はありますが、あらゆる年齢層、多くの種目で認められていることで

表1 スポーツ関連突然死の種目別発生数
（武者春樹：心臓突然死, 医学書院, 1997）

スポーツ種目	件数	（％）
ランニング	169	25
ゴルフ	89	14
水泳	76	12
ゲートボール	44	7
登山	39	6
その他	233	36

す。さらに重要な点は、運動強度や競技レベルに関係なく発生していることです。

　スポーツの運動強度別の分類は、静的要素と動的要素を各々3段階に分けていますが、動的要素は最大酸素摂取量（体の中に取り込める酸素の最大値）を基準にして分類されています。

　高強度は最大酸素摂取量の70％以上の強度、中等度は40〜70％、低強度は40％未満の強度です。長距離走、サッカー、テニス、水泳、バスケットボールなどは高強度に、野球、卓球などは中強度に、ゴルフ、ゲートボール、ダンス、ボウリングなどは低強度に分類されます。

　高強度に分類されるスポーツに突然死が発生するのは容易に予測できると思いますが、低強度に分類されるスポーツでも突然死は発生しており、特に中高年に多いのが特徴です。

　低強度に分類されるスポーツは、心臓血管系への負担が小さいと思われがちであり、狭心症などの基礎疾患がある中高年者でも、気軽に楽しめると思われているのが原因の1つと考えられます。実際にはゴルフスイングの最中には血圧が200を超えることも稀ではなく、パッティングのときは極度の交感神経緊張状態になることもあり、十分、突然死のリスクとなりますから注意が必要です。

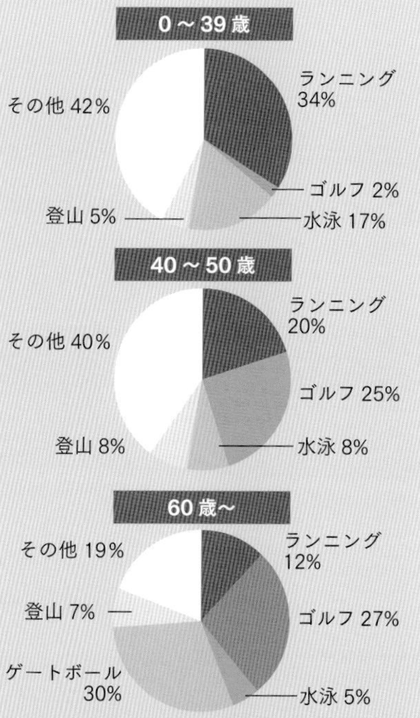

図2 **スポーツ関連突然死の年齢層ごとの原因スポーツ**
（武者春樹: 心臓突然死, 医学書院, 1997. 一部改変）

表2 **スポーツ関連突然死の種目別発生数と平均年齢**
（畔柳三省他: 日臨スポーツ医会誌, 2002）

スポーツ種目	件数	平均年齢（歳）
ランニング	118	32.9±18.9
水泳	68	38.7±23.7
野球	42	32.4±14.5
ゴルフ	40	56.6±12.9
体操	31	48.8±23.6
テニス	27	52.6±17.3
ダンス	25	61.5±16.1
バスケットボール	19	18.8±5.0
ボーリング	18	40.7±14.1
卓球	18	38.4±18.0
ゲートボール	17	73.2±7.2
剣道	13	58.2±16.0
サッカー	13	33.5±15.6

4 基礎疾患

若年者では不整脈

スポーツ中の突然死には潜在する基礎疾患の存在が関係していると思われますが、東京都など一部の地域だけしか監察医制度がないので、原因を特定できない例も多いのが現状です。村山らの報告（表3）によれば、急性心不全は原因を特定できなかった場合の診断名なので、これを除くと最も多いのは虚血性心疾患（狭心症や心筋梗塞）です。

年齢別では、中高年は虚血性心疾患の占める割合が高くなり、それ以外では脳血管障害（脳出血や脳梗塞）、大動脈疾患がみられます。

若年者ではその他の心疾患、急性心機能不全が多くみられます。その他の心疾患には弁膜症、心肥大、心筋症、冠動脈奇形などが含まれ、急性心機能不全には主に不整脈が含まれると思われます。海外の報告をまとめたものでも同じ傾向で、中高年では虚血性心疾患が約半数を占め、40歳以下では心筋

症が30％あまりで、冠動脈奇形がそれに次ぎます。また、解剖によって器質的疾患を認めない割合も約20％みられ、この中には特発性致死性不整脈（原因不明の心室細動や心室頻拍）、Brugada症候群やQT延長症候群（いずれも心室細動を発症する）が含まれます。したがって、若年者では致死性不整脈や心肥大、心筋症、冠動脈奇形が多いことになります。

近年、若年者のスポーツ中の突然死の原因として心臓震盪が認識され、北米の報告をみると、心臓震盪は肥大型心筋症に次いで2番目に多い原因となっています（表4）。

表4 若年スポーツ選手の突然死原因
(Maron, B.J., N Engl J Med, 2003)

原因	死亡選手数	（%）
肥大型心筋症(HCM)	102	26.4
心臓震盪 (commotio cordis)	77	19.9
冠動脈奇形	53	13.7
原因不明の左室肥大	29	7.5
心筋炎	20	5.2
大動脈瘤破裂 (Marfan症候群)	12	3.1
不整脈源性右室心筋症	11	2.8
冠動脈ブリッジ(トンネル)	11	2.8
大動脈弁狭窄	10	2.6
冠動脈硬化	10	2.6
拡張型心筋症	9	2.3
粘液性僧帽弁変性	9	2.3
気管支喘息 (またはその他肺病変)	8	2.1
熱中症	6	1.6
薬物依存症	4	1
その他の心血管疾患	4	1
QT延長症候群	3	0.8
心サルコイドーシス	3	0.8
心外傷	3	0.8
脳出血	3	0.8
合計	387	100

表3 スポーツ関連突然死の年齢層別死因
(村山正博他: DMW(日本語翻訳版), 1993. 一部改変)

死因	0~39歳	40~59歳	60歳~	総数
虚血性心疾患	20	61	58	139(21.6%)
その他の心疾患	37	3	4	44(6.8%)
急性心機能不全	31	0	0	31(4.8%)
脳血管障害	15	21	15	51(7.9%)
大動脈瘤破裂	1	2	6	9(1.4%)
急性心不全	193	78	62	333(51.6%)
不詳	5	0	0	5(0.8%)
その他	30	1	2	33(5.1%)
合計	332	166	147	645(100%)

5 既往歴

既往歴がなくても注意

　突然死する前に既存の病気をもっている場合が約半数あります。その内訳として、心疾患の既往を有した人が約50%、高血圧、糖尿病、脂質異常症、動脈硬化などの冠危険因子（狭心症や心筋梗塞などを発症する可能性が高い病気）をもった人が約50%でした。両方を合併している人も約10%いました。当然のことながら、心疾患の既往あるいは冠危険因子をもつ人の突然死のリスクは高くなります（ハイリスクグループ）。

　一方、既往のない人も半数いることに注目しなければなりません。何か病気をもちながら、病院を受診していないケースも考えられますが、失神、胸痛あるいは頭痛などの危険な兆候を経験した人はわずかしかいませんでした。既往歴がなくても、突然死に対する注意は怠ってはいけません。

6 発生機序

運動ストレスが誘発

　スポーツにおける心臓突然死の発生には、運動ストレスによる交感神経緊張状態が関与しています（図3）。

　虚血性心疾患を有する場合、①運動により心筋酸素消費量が増大し、心筋虚血症状が表面化する、②交感神経緊張により冠動脈が収縮し、冠動脈の血流が減少する、③急激な血圧上昇により冠動脈内壁が伸展され、不安定プラーク（破れやすい繊維性被膜に覆われた脂肪の塊）の被膜が破綻して血栓を形成する、④脱水により血液が濃くなり血流悪化と血栓形成が起こる、以上の経過により心筋虚血が増強し、致死性不整脈（心室細動）が発生しやすくなります。

　また、肥大型心筋症、冠動脈奇形、左室肥大、あるいは心筋炎などの基礎疾患がある場合には心筋に異所性電気活動性の増大がみられ、さらに運動ストレスがかかると心筋酸素消費量が増大して、心筋の酸素不足が表面化し、交感神経緊張状態が加わり、容易に致死性不整脈（心室細動）が誘発されます。

運動直後の心筋虚血

　運動終了直後の心臓突然死にも注意しなければなりません。マラソンのゴール直後などに倒れる光景を見たことがあると思いますが、運動終了直後は骨格筋が急激に弛緩して、筋肉からの血液が心臓に戻りにくくなり、脱水も加わって心拍出量が減少することが原因です。

　特に、過労、睡眠不足など体調が悪いと

きは、交感神経の反応が減弱しているため
高度の血圧低下が起こり、冠動脈血流量が

低下して心筋虚血を招くことになります。

1 予防

中高年で既往がある場合

中高年では、基礎に心疾患の既往あるい
は冠危険因子を持っている人が多くなって

います。生活習慣病の予防・治療には運動
療法も適していますから、適度に生活の中
に運動を取り入れることは良いことで、実
際に適切に運動療法を取り入れると、高血

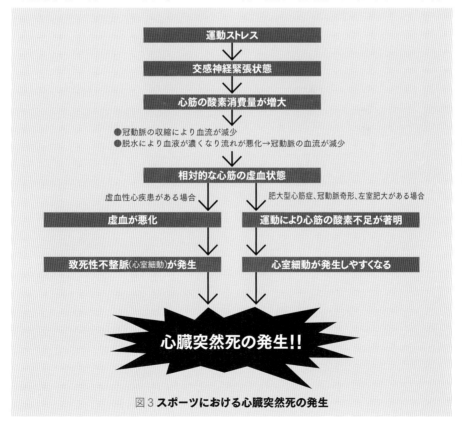

図3 **スポーツにおける心臓突然死の発生**

圧や糖尿病に改善がみられることも多々あります。しかし、こういった人たちは心臓突然死のハイリスクグループですから、運動を始めるときは専門医（できればスポーツ医学に精通している心臓専門医）によるメディカルチェックを受け、個々に適した運動の量や質について、アドバイスを受けておくことが必要です（図4）。動的運動強度は最大酸素摂取量を基準にしますが、日常で最大酸素摂取量を測定することは困難です。そこで脈拍数で代用する方法があります。最大酸素摂取量に該当する1分間あたりの脈拍数の計算法をお伝えします。

まず、「220」から「年齢」を引いてください。例えば50歳では「220 − 50（年齢）= 170」となります。これを、1分間に170回の脈拍数を最大酸素摂取量に該当する運動強度と仮定します。したがって、運動療法で中等度の動的運動強度（最大酸素摂取量の40～70％）以下と指示されれば、「170 × 0.7（70％）= 119」となり、1分間の脈拍数が119回を超える運動は危険ということになります。

しかし、動的運動強度が低いゴルフ、ゲートボールなどでも、高齢者においては突然死の危険が高いので、定期的なメディカルチェックは必要です。ハイリスクグループでは血圧の急激な上昇は特に危険なので、運動負荷時の継続的な血圧測定は、突然死予防の検査として意義が大きいものです。

中高年で既往がない場合

既往あるいは冠危険因子がない場合でも突然死は起こりますから、メディカル

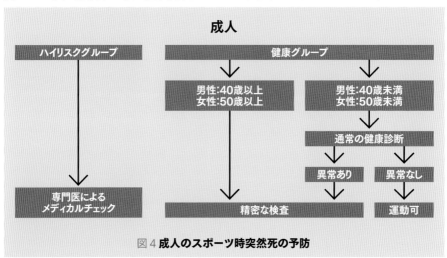

図4 **成人のスポーツ時突然死の予防**

チェックは必要になります。成人の一般的検査は、通常の採血、尿検査、胸部レントゲン、安静時心電図でよいのですが、何か異常があった場合は精密な検査（心臓超音波検査、負荷心電図、24時間心電図検査など）と専門医のチェックを受けることが必要です。40歳以上の男性、50歳以上の女性は通常の検査で異常がなくても、精密な検査を受けることをお勧めします。

　生活習慣病の予防に運動療法を取り入れる場合、動的運動強度60％程度の有酸素運動を1回30分以上、週に2回以上することをお勧めします。たとえば50歳では「（220 － 50）× 0.6 ＝ 102」となり、1分間に102回の脈拍数を目安にジョギングなど行ってください。

児童・生徒の場合

　児童・生徒では授業での体育など一般の運動レベルへの参加の場合は、通常の学校健診でよいと思います。ただし、家族（祖父母、両親、兄弟など）に突然死した人がいる、本人が失神したことがある、動悸を自覚したことがある、不整脈の既往がある、このうちどれか1つでも該当するときは、専門医による精密な検査を受け、運動参加の可否、許可される運動強度を判断してもらうべきです。そして大切なことはその判断に従うことです。運動について注意を受けても、普段は何の症状も無いことが多いので注意を守らず、突然死してしまう例を私は経験しています。ぜひ命を大切にしてください。

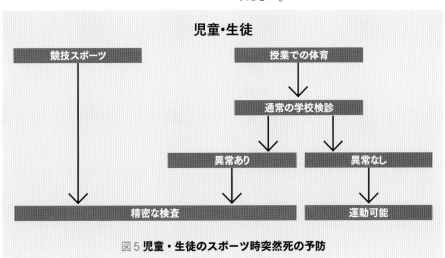

図5 児童・生徒のスポーツ時突然死の予防

競技スポーツに参加する人は、学校健診以外に精密な検査を含め、メディカルチェックを受けるべきです。これは学生や社会人でも同様です（図5）。

日常の健康管理

日常の健康管理も大切です。運動前の睡眠不足、大量飲酒、過労などは避けるべきです。例えば、ゴルフ前日の大量飲酒は、睡眠不足や脱水の原因となり大変危険です（飲酒は水分補給にはならず、むしろ脱水になります）。同様に運動中の飲酒も控えるべきです（特にゴルフなどでは飲酒の機会が多くなりがちです）。

体調に合わせた練習量の調節も重要で、指導者やトレーナーは選手の体調に十分注意する必要があります。日本のスポーツ現場では、未だに体調不良であっても選手自身が申し出ることが少ない状況にありま

す。したがって客観的に体調をチェックすることも大切です。体温と安静時の脈拍チェックは簡便で、日ごとの変化を観察することは有効です。体調不良時には積極的に休ませるべきです。健康のための運動でも同様で、体調不良時は無理をしないことが大切です。また、中学や高校進学時は急激に運動負荷が増大するので注意してください。身体能力に見合った運動強度での練習を心がけなければ危険です。

気温が高くないときも水分の摂取には十分配慮し、潜在的な脱水の予防を心がけてください。運動前、運動中、運動後は水分を適宜摂り脱水の予防を心がけます。マグネシウムは血圧の急激な上昇を抑制し、また一部の致死性不整脈を抑える働きがあるので、運動前に高マグネシウム飲料（海洋深層水）を摂取することを奨める意見もあります。

8 発生時の対応

BLSが重要

スポーツ中の心臓突然停止は心室細動を起こしていることが多いので、適切な対処によって社会復帰の可能性は十分あります。スポーツにおける心臓突然死ゼロを目指すために大切なことは以下の3つです。① 目撃して心停止に早く気づく、②救助

者がすぐに胸骨圧迫を行う、③ 3分以内にAEDを使う。そのためにスポーツ関係者は、指導者、競技者、トレーナーなどすべての方が救命講習を受講してください。そして、スポーツの現場にAEDを常に持参してすぐに使用できるようにしてください。できれば1年に2回程度の訓練を実施してください（詳細は1章のBLS、救命手当ての項を参照）。

《2 心臓震盪（しんぞうしんとう）

| 基礎知識

胸部への軽い衝撃

　若年者の突然死はスポーツ中に発症することが多く、特に肥大型心筋症や冠動脈奇形、QT延長症候群など、基礎疾患として心臓病がある場合に多いとされています。ところが、北米において1990年代、基礎疾患に心臓病がない健康な子どもが、野球のボールが当たるなど、胸に比較的軽い衝撃を受けた直後に突然倒れ、突然死する症例が報告されました。

　これが心臓震盪（commotio cordis：コモーショ・コーディス）であり、わが国でも子どもが突然死する原因の1つとして認識されるようになりました。

　その後北米では、心臓震盪の対処と予防への取り組みが始まり、心臓震盪に関するデータ登録システム（US Commotio Cordis Registory）が設立され、2002年に128例のデータが集積、報告されまし

た。このとき心臓震盪と判断した基準は、①心停止の直前に前胸部に非穿通性の衝撃（鋭利なものが刺さるようなものではなく、野球のボールのようなものが衝突する鈍的な外傷）を受けている、②目撃者などにより詳細な発生状況が判明している、③胸骨、肋骨、及び心臓に構造的損傷がない、④心血管系に既存の病気がない、というものでした。2003年の報告では、若年者のスポーツに関連した突然死の原因として、心臓震盪は19.9％を占め、肥大型心筋症（26.4％）に次いで2番目に多い原因となっていることがわかりました（突然死の項、P79 表4参照）。

　ここでは、著者が調査した国内における心臓震盪49例について、北米例と比較してその現状を紹介するとともに、予防、現場での応急処置及び今後の課題について説明します。

表1 心臓震盪の心電図所見

	北米例82例（128例中） （JAMA 287, 2002）	国内例38例（49例中） （著者データ）
心室細動・頻拍	36	33
徐脈性不整脈	3	
心室固有調律	2	
完全房室ブロック	1	3
心静止	40	2

2 心停止のメカニズム

致死性不整脈により心停止

　北米例 128 例のうち 82 例、国内例 49 例のうち 38 例で、発症現場での心電図が確認されています（表 1）。死亡するときの最終心電図波形である心静止を除くと、心臓震盪が発症したときの心電図所見は、ほとんどの場合心室細動や心室頻拍といった致死性不整脈でした（不整脈については 1 章の AED の項を参照）。心室細動や 1 分間に 180 回以上の心室頻拍では、心臓は血液を送り出すことができませんから、心停止状態となります。つまり、心臓震盪は野球のボールがぶつかるなど、前胸部に鈍的外力が加えられたときに、心室細動や心室頻拍が誘発され心停止に至るということになります。

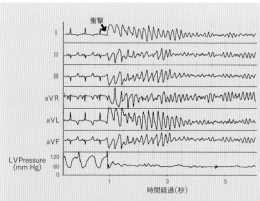

心電図 T 波の頂点から **16msec**（ミリ秒）前に、野球の硬式ボールと同じ質量の木製のボールを、全身麻酔下のブタの胸部にぶつけて誘発された心室細動。

図1 **ブタの胸部への衝撃により誘発された心室細動**
（N Engl J Med 338, 1998）

原因は胸に受けたボールの衝撃

　典型的な経過としては、野球の守備で取り損ねた打球を胸に受け、落としたボールを拾って送球しようとしたころに突然倒れ、結果的に心停止に至っていた、というものです。

　打球を胸に受けた衝撃で心停止となり、脳血流が停止するために数秒後に意識を失って倒れるのです。

　このことはブタの前胸部に野球の硬式球と同じ形、大きさ及び重さの木製の球を、心電図に同期させて種々のタイミングで衝突させる実験によって実証されています。その結果、心電図上の T 波の頂点から 15 ～ 30msec 前のタイミングで衝撃を加えると、10 回のうち 9 回、心室細動が誘発されました（図 1）。ほかのタイミングで衝撃を加えたときは、22 回実施しましたが心室細動は誘発されませんでした。

　このように特定の心電図のタイミングで衝撃が加わると、心室細動が誘発され、心臓震盪が発症することになります。心室細動が起こるメカニズムには、衝撃により心筋に発生する異常な電気的活動が関与しているようですが、いまだ特定されていません。最近では、QT 延長症候群に関与する遺伝子の異常など、個人の体質も関与しているとの報告もあります。

3 年齢

中学生〜高校1年生に多発

　発症年齢は、北米例（図2）、国内例（図3）ともに18歳以下に圧倒的に多く、80%以上を占めます。特に国内例では13〜15歳、中学生から高校1年生にピークがあります。発育過程の子どもの胸郭は軟らかいので、衝撃を受けた際に胸郭が歪みやすく、衝撃が心筋に伝わりやすいことが要因と考えられています。

4 胸部への衝撃の原因

野球では硬式球も軟式球でも

　衝撃の原因は、北米例（図4）、国内例（図5）ともにスポーツ用具によるものが多く、最も多いのが野球のボールでした。国内例では、野球のボールは16例中9例が硬式球でしたが、軟式球でも7例が発症しています。また、ソフトボールの3例もゴム製の小児用サイズのボールで、比較的安全だと思われている軟らかいボールでも、心臓震盪が発症していることに注意しなければなりません。硬式球での発症は、内野守備で打球を受けたものが多く、3塁手が2例、投手が2例、遊撃手が1例、守備位置不明が1例でした。そのほか、2塁手が3塁手からの送球を受けたものが1例、デッドボールが1例、キャッチボールの送球の捕り損ねが1例でした。軟式球では、競技スポーツで4例でしたが、小学生同士のキャッチボールの送球がそれて、近くで遊んでいた野球に関係のない子どもに当たったもの2例を含め、遊びの中で3例が発症していました。

サッカーやバスケット、柔道でも

　2002年の北米の報告ではサッカーボールでの発症がなかったので、大きなボールは大丈夫かと思っていましたが、その後の北米の報告や国内ではサッカーボールや

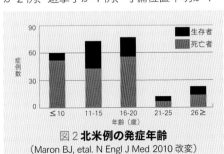

図2 **北米例の発症年齢**
（Maron BJ, etal. N Engl J Med 2010 改変）

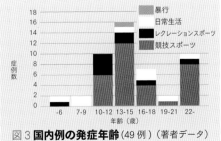

図3 **国内例の発症年齢**（49例）（著者データ）

フットサルのボール、バスケットボールでの発症が認められました。サッカーではゴールキーパーが胸でシュートを受けたもの、フットサルはフィールド選手が胸でボールをトラップしたり、シュートを胸で遮ったりしたことによるものなどでした。

また、柔道の投げ技で背中から畳に落ち

た例や、バスケットボールでリバウンドボール奪取のためジャンプし、着地に失敗し床で胸を打った例も認められました。このように、前胸部の限局した部位への衝撃だけではなく、胸郭全体（前胸部や背部）を打った場合にも心臓震盪が発症することがわかってきました。

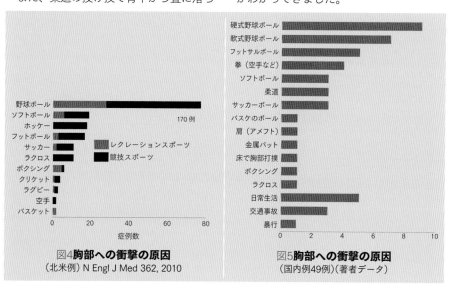

図4**胸部への衝撃の原因**
（北米例）N Engl J Med 362, 2010

図5**胸部への衝撃の原因**
（国内例49例）（著者データ）

5 救命率

早期除細動で蘇生

北米で1995年に報告された心臓震盪25例は、心拍が再開したのは2例のみで、その2例も脳の障害で死亡しており、心臓震盪は若年者の突然の心原性心停止にも

かかわらず、救命率は低いとされていました。しかし、2002年の報告では、前述の25例を含む128例中21例で1年以上生存し、15例が社会復帰しています。その後2006年から2009年では60％が蘇生に成功しており、死亡は40％まで減少し

ております。これは、心臓震盪は発症時に心室細動を起こしているということが認識され、早期除細動を含めた蘇生法が普及したことによる結果だと思われます。

　国内例では心停止した45例中26例で社会復帰しています。これは一般的な心肺停止者の社会復帰率が数％であるのに対し、極めて高い数値であり、適切な蘇生処置が実施されれば、心臓震盪の社会復帰率は高いといえます。

bystander CPRとAEDが重要

　特に bystander CPR（その場に居合わせた人による心肺蘇生）が実施された場合は31例中24例で社会復帰しています。一方、bystander CPR が実施されなかった12例では、社会復帰したのはわずかに2例でした。（図6）。さらに bystander CPR と電気ショックが併せて実施された26例をみると21例が社会復帰していますが、両方とも実施されていない5例はすべて社会復帰できていません（表2）。

　また、その場に設置してあった AED により電気ショックが実施された場合は9例全例で社会復帰していますが、救急隊が到着してからの電気ショックでは22例中8例が社会復帰できていません（図7）。改めて bystander CPR とその場にある AED による早期除細動が重要であることを示しています。

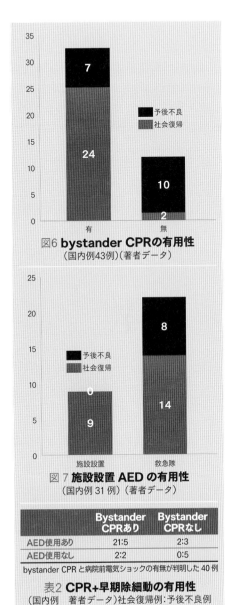

凡例：予後不良／社会復帰

図6 bystander CPRの有用性
（国内例43例）（著者データ）

図7 施設設置 AED の有用性
（国内例31例）（著者データ）

	Bystander CPRあり	Bystander CPRなし
AED使用あり	21:5	2:3
AED使用なし	2:2	0:5

bystander CPR と病院前電気ショックの有無が判明した40例

表2 CPR+早期除細動の有用性
（国内例　著者データ）社会復帰例：予後不良例

6 予防

胸でボールを受けない指導

　スポーツの特性から胸部への衝撃をすべて防ぐことは困難です。しかし、技術や戦術の工夫によって改善できることもあります。古くから少年野球の指導者は「ボールが来る方向に対して正面で捕球しろ」「捕れないボールは胸で受けて止めろ」と指導していることが多いと思います。

　しかし、この指導方法には改善の余地があると考えているグループがあります。渡會・伊藤ら（元東京大学身体運動科学研究室）は、合理的な捕球動作に関する研究を行っています。

　左手にグラブを着けている場合、体の左側の打球に対してはフォアハンドで、体の正面、及び右側の打球に対しては、体の左を前にした半身のバックハンドで、それぞれシングル・ハンドキャッチすることを推奨しています。この捕球動作は無駄なく送球に移っていくことができ、合理的であるとともに、前胸部に打球を受けにくい安全な体勢にもなります。子どもにバックハンドシングルキャッチを教えることに抵抗する指導者がいると思いますが、神経系が発達するこの時期にこういった技術を教えることは合理的なので、ぜひ取り入れていただければと思います。

　また、フットサルやラクロスなどでは、これまで相手選手のシュートに対し、フィールド選手が胸部でシュートを遮る戦術をとっていますが、こういった戦術は見直す必要があり、北米ではラクロスにおいてすでに見直されています。

他人にボールを当てない環境

　キャッチボールをしているときに、近くで遊んでいた子どもに当たる事故もありました。小さな子どもが遊んでいる近くでは、その子どもに当たらないような配慮も必要です。遊んでいる小さな子どもから離れた別の場所でキャッチボールをするなど、小さな子どもを危険から守る気持ちが大切だと思います。昔、子どものころ、「危ないから人の頭は殴るな」と教わってきました。これからは、子どもに、「胸を殴ったりぶつけたりすると心臓が止まるぞ」と教えることも必要です。

胸を保護するものの…

　かつて野球用に前胸部が保護されるプロテクターが市販されましたが、北米で市販された胸部プロテクターは、心臓震盪の発症予防に効果がないという研究結果が報告されました。その後、心臓震盪に有効なプロテクターの開発が継続されていますが、残念ながら未だ製品化されていません。

　わが国では 2007 年、（財）製品安全協会が中心となって、胸郭の歪みを軽減することを目的とした胸部プロテクターの認定

基準を作成しました。SGマーク入りの製品が何種類か市販されて、少年野球では自主的に使用しているチームや装着を推奨している地域の団体もありましたが、その効果については検証できておらず、普及には至っていません。アマチュアボクシングで

は、2008年に開催された第1回U-15ボクシング全国大会において、心臓震盪予防のために胸部プロテクターの装着が義務付けられました。

7 発症時の対応

適切な救命処置

心臓震盪の予防は難しい面もありますので、発症時の対応が重要になります。社会復帰のためにはbystander CPRとAEDを使用した早期除細動が重要です。特に

スポーツの現場には必ずAEDを持参してください。応急処置の詳細は1章のBLS、CPR、AED・PADの項を参照してください。

8 今後の課題

社会復帰率を上げていくために

心臓震盪に限らずスポーツにおける心臓突然死は、bystander CPRとAEDによって救命率は非常に高くなります。スポーツ関係者は救命講習を受けていることが多いのですが、さらに選手も含めみなさんの意識を高めるために、小中学生のときから救命講習を受講することが望まれます。学校教育に取り入れている地域もありますが、今後拡大していくことを期待し、私自身も勤務先地域の小中学校での普及に取り組ん

でいます。そして、スポーツの現場に常にAEDを持参することによって、社会復帰率はさらに向上するはずです。また、指導者においては、安全で合理的な技術や戦術を小中学生にも取り入れていただければと思います。

《3 熱中症

┃基礎知識

高温環境下の体温調節

　ヒトは体温を常に一定（37℃前後）に保っている恒温動物です。体内で熱が産生され体温が上昇傾向になると、体表からの放熱や発汗によって熱を体から逃がして、体温を下げるように調節しています。

　周囲の気温が低いときは皮膚温との差が大きいので、皮膚からの放熱が主に働き、発汗は少なくなります。気温が高くなると皮膚温との差が少なくなり、放熱効果が小さくなるので、発汗によって体温を下げる働きが大きくなります（図1）。

運動時の発汗と熱中症

　運動時は体内での熱産生が増大しますが、皮膚からの放熱量には限界がありますから、体温を調節するために、発汗はさらに重要な要素となります。高温環境下では皮膚の末梢血管が拡張し、血流量を増やして皮膚からの放熱を促します。また、発汗によっ

て体内の水分が失われます。皮膚の血管が拡張するので相対的に、発汗によって血管内の水分量が減少するので絶対的に循環血液量が減少します。したがって、水分の補給が追いつかないと血圧が低下してしまいます。結果として、立ちくらみ、失神あるいは疲労感といった症状が現れます。また、発汗によって電解質（塩分）も失いますから、電解質の補給が不足すると、電解質異常から筋肉のけいれんが起こります（図2）。

　こういった状態を熱中症といいますが、脱水がさらに進行すると発汗機能が停止してしまい、発汗による熱放散ができなくなります。また、血圧を上げるように自律神経の反応が起こり、皮膚の末梢血管が収縮するため、皮膚からの放熱もできなくなります。

　こうなると、体温調節機能が破綻して異常な高体温となり、種々の臓器障害が起こり重症化して、ときには死亡することもあります（図3）

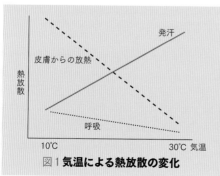

図1 気温による熱放散の変化

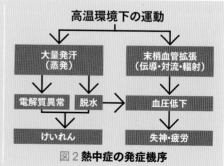

図2 熱中症の発症機序

2 重症度

熱中症の重症度は、1度（軽症）、2度（中等症）、3度（重症）の3つに分類されます（表1）。

脱水と血管拡張による血圧低下は、立ちくらみや失神症状が見られることから熱失神と呼ばれ、1度に分類されます。塩分喪失を伴う脱水は筋肉のけいれんを引き起こ

すので熱けいれんと呼ばれ、やはり1度に分類されます。

脱水と塩分喪失が進むと血圧低下と体温が軽度上昇し、疲労感を伴うことから熱疲労と呼ばれ、2度に分類されます。さらに脱水が進行すると発汗が停止して体温調節機能が障害され、ショック状態や臓器不全から死亡することもあり、熱射病と呼ばれ3度に分類されます。

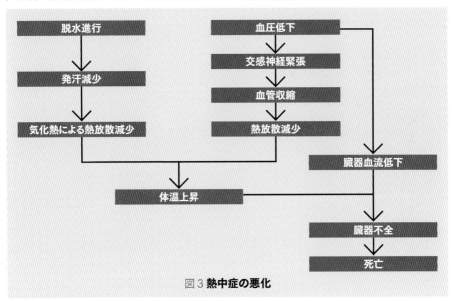

図3 熱中症の悪化

表1 熱中症の重症度分類と症状

1度（軽症）	熱失神 熱けいれん	脱水・末梢血管拡張→血圧低下→失神 大量の発汗→塩分喪失→筋肉けいれん
2度（中等症）	熱疲労	塩分喪失、脱水と血液濃縮→血圧低下、軽度体温上昇、口渇、疲労感
3度（重症）	熱射病	高度の脱水、体温調節機能障害→ショック症状、発汗停止、異常高体温、意識障害、臓器不全、死亡

3 熱中症を疑う場合と重症度評価

熱中症要注意の日

　熱中症は初期の段階で対応すれば、簡単な処置のみで改善しますから、早期に気づくことが大切です。初期の症状は頭痛、吐き気、ふらつき感、めまい、立ちくらみなど特徴のない症状です。こういった症状から熱中症に気づくためには、あらかじめ予測しておくことが必要です。

　高温多湿の環境では熱中症が発症しやすいのですが、初夏や雨の翌日など、前日に比べ急に気温が上がった日は要注意です。近年では平均気温が上昇し、春先から30℃近くなることもあり、体が慣れていないこの時期も油断できません。

　また、熱中症は暑い屋外だけではなく、空調を嫌うバドミントンや卓球、厚手の着衣で競技する剣道など、屋内でも発症しやすくなります。このような熱中症が発症しやすい環境では、初期の症状に十分注意して、まず熱中症を疑うことが重要です。選手にも初期の症状を具体的に説明しておき、少しでも症状を感じたら、我慢せず申し出るように伝えておくことも大切です。

重症度評価の3項目

　スポーツの現場で、簡単に熱中症重症度を評価するのに必要な項目は3つです（表2）。1つは意識の状態です。昏睡状態はもちろん、反応が鈍い、会話の内容がおかしい場合なども意識障害としますが、意識障害があれば重症と判断します。

　2つ目は体温です。40℃以上なら重症、37〜40℃未満なら中等症、正常体温なら軽症です。現場に体温計を持参しておきますが、わきの下で体温を測定するとき、汗で濡れていると正確な体温が測定できませんから、汗を拭ってから測定します。

　3つ目は発汗の状態です。発汗が見られず皮膚が乾燥していれば重症です。

表2 熱中症の重症度評価

1.意識障害の有無	（昏睡状態から応答が鈍いなど、程度はさまざまです）意識障害があれば重症
2.体温の測定	40℃以上なら重症 37℃から40℃未満なら中等症
3.発汗	発汗が停止しているときは重症

このような症状があれば熱中症です!!

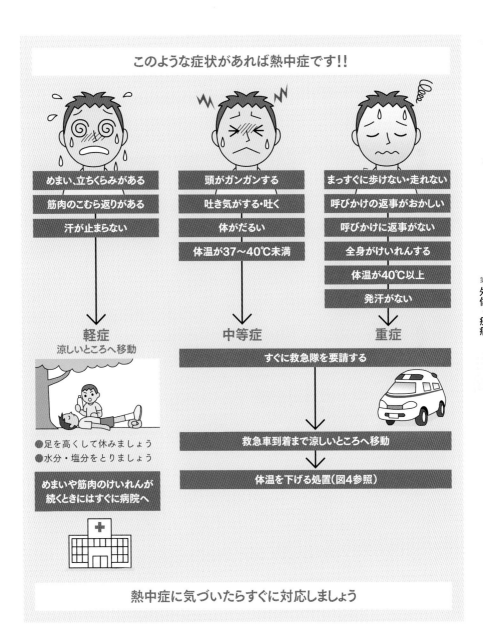

めまい、立ちくらみがある

筋肉のこむら返りがある

汗が止まらない

軽症
涼しいところへ移動

●足を高くして休みましょう
●水分・塩分をとりましょう

**めまいや筋肉のけいれんが
続くときにはすぐに病院へ**

頭がガンガンする

吐き気がする・吐く

体がだるい

体温が37〜40℃未満

中等症

まっすぐに歩けない・走れない

呼びかけの返事がおかしい

呼びかけに返事がない

全身がけいれんする

体温が40℃以上

発汗がない

重症

すぐに救急隊を要請する

救急車到着まで涼しいところへ移動

体温を下げる処置(図4参照)

熱中症に気づいたらすぐに対応しましょう

4 発症時の対応

軽症例

軽症例ではまず涼しいところへ移動します。できればエアコンの効いた建物内や車内がよいのですが、ないときは風通しのよい日陰でもよいでしょう。嘔吐に注意しながら、経口補水液で水分補給をします。着衣は薄手のものにして、できれば下肢の血液を心臓に戻して、一時的に循環血液量を増やし血圧を上げるために、足を少し高くして寝かせます。症状が改善すればそのまま休ませて経過を見ますが、その後のプレーは避けるようにします。

休ませて水分補給をしても、筋肉のけいれんやめまい症状などが続くときは病院を受診します。また、運動終了後に水分補給や食事をしても、体重減少が2％以上のときは病院を受診したほうがよいでしょう（表3）。

中等症・重症例

中等症・重症では直ちに病院へ搬送する

木陰などの涼しいところへ移動し、服を脱がせ、温水を体に霧状に吹きかけて風を送る

図4 気化熱で体温を下げるやり方

必要があり、このときは救急車を手配します。救急車が到着するまで、できれば涼しいところへ移動して、できるだけ体温を下げる努力をします。

着衣を取り除き、温水を体に霧状に吹きかけて風を送り、気化熱で体温を下げる方法が効果的です。熱中症が予想される時期は霧吹きを準備しておくとよいでしょう（図4）。呼びかけに反応があり水分摂取が可能なら、少しずつ経口補水液などを飲ませてください。呼びかけに反応がないときは、気道確保と嘔吐時の誤嚥を避けるため回復体位とします（表4）。

経口補水液について

激しい消耗に関連した脱水に対し、経口補水液を使用することが推奨されています。熱中症のときも経口補水液を使用することをお勧めします。経口補水液の成分については、①血漿浸透圧（約290mOsm：塩の濃度で約0.9％ 水1ℓに対し塩9g）より低いこと、②塩分とブドウ糖のモル濃度が同等であることが望ましく、ブドウ糖濃度が塩分濃度を超えないようにすることが求められています。

市販されている一例（「OS-1」大塚製薬）では、その条件を満たすように成分調整されており、ナトリウムだけではなくカリウムも含まれていますので、脱水症状が顕著なときには適した経口補水液だと思います。

自身で作る場合は、水1ℓに対し、塩3g(小さじ すりきり半分)、ブドウ糖20gを加え15℃くらいに冷やしておきます。クエン酸とカリウムを補うためにレモン汁を追加するのも良いと思います。ブドウ糖がない場合は砂糖を代用しますが、砂糖の場合は40g(大さじ すりきり4.5杯)となります(ブドウ糖に比べカロリーが2倍になるので注意)。

脱水症状を認めるときは経口補水液が推奨されますが、脱水の予防には半分ほどの濃度で15℃くらいに冷やしたものが良いでしょう(吸収効率もよく、水分・塩分の補給もできます)。

一般的な市販のスポーツドリンクは、塩分濃度が低くブドウ糖濃度が高いので、脱水症状の改善には不十分かもしれません。また、高血圧や糖尿病、腎臓病などがある人は、経口補水液やスポーツドリンクによる塩分や糖の摂取量に注意しなければなりません。かかりつけ医に相談してください。

5 予防

熱中症になりにくい体づくり

トレーニングによって、熱中症を起こしにくい体を作ることができます。暑い時期になる前からトレーニングを続けることによって、発汗量を増やして体温が上昇しにくい体質、あるいは体温をあらかじめ低めに保つ体質に変えることができます。

具体的には最大酸素摂取量の40%程度の運動強度(心拍数が1分間に100回前後を目安とする)で、1時間30分程度の有酸素運動を継続します。そうすると、1週間程度で発汗量が増加し、心拍数と体温が低下し、熱中症になりにくい体質に変わります(図5)。

なお、生活習慣病の予防や治療のために運動療法を取り入れる人は熱中症対策も不可欠です。高血圧や糖尿病、肥満は熱中症

表3 **軽症例への対応**
❶涼しいところへ移動する
❷経口補水液を飲ませる(嘔吐に注意)
❸着衣を薄着にする
❹下肢を高くする
❺症状が改善したら休養をとり経過を見る
❻水分と塩分、食事をしっかりとる
❼体重が2%以上減少したままなら病院を受診する
❽筋肉のけいれん、めまいが持続したら病院を受診する

表4 **中等症・重症例への対応**
❶救急車を手配し、到着まで次の対応をとる
❷涼しいところへ移動する
❸体温を下げる処置をする
着衣を取る
水を霧状に体表にかけ、風を送る
❹可能なら経口補水液を飲ませる
(嘔吐に注意)
❺昏睡状態なら回復体位をとる

のリスク因子になりますから、かかりつけ医に相談してください。特に、水分、塩分、糖分の補給については十分な注意が必要です。

気温、湿度、日差しに留意

　熱中症になりやすい環境因子としては、気温が高い日はもちろん、湿度が高い日、風が弱い日、照り返しや日差しが強い日、それから急に暑くなった日は要注意です。また、屋内で日差しがなくても高温多湿の環境では発症します。こういった日には運動量を減らし、休息や水分・塩分補給の時間をこまめにとることが必要です。

塩分を含んだ水分の補給

　熱中症の予防において水分補給はとても大切ですが、成分には0.2％程度の塩と1％程度％のブドウ糖を含んだ15℃くらいの水分が吸収もよく効率的です。タイミングは運動開始前の水分・塩分摂取も効果的で、30分くらいの時間をかけて500ml程度の水分・塩分を補給します。補給量の目安としては、運動終了後の体重減少が、開始前の2％以内になるように十分な水分・塩分補給をします。

　水分を補給していると汗をかくことができるので、体温上昇を抑えられますが（図6）、体重減少が3％を超えると体温が急激に上昇します（図7）。のどが渇いた感じがなくても脱水は進んでいますから、のどの渇きを感じる前、あるいは時間を決めて積極的に水分・

塩分補給をすることも必要です（表5、表6）。

　また、塩分を含まない水だけを補給すると体液の浸透圧が低下し、のどの渇きを感じなくなり、気づかないうちに水分と塩分の不足が進行しますから、塩分を含んだものを補給する必要があります。

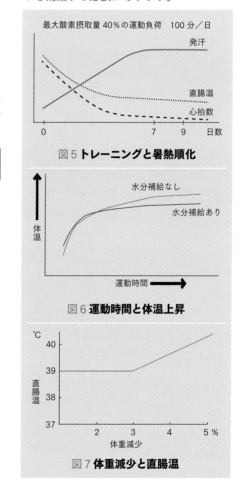

図5 **トレーニングと暑熱順化**

図6 **運動時間と体温上昇**

図7 **体重減少と直腸温**

6 危険の予知

湿球黒球温度を測る

　その日の体調と環境を知ることは危険の予知につながり、具体的な予防策の指針になります。そのためには、毎日の体重測定、体温測定による体調評価と、湿球黒球温度（WBGT：Wet-bulb Globe Temperature）による環境評価が重要です（表6）。湿球黒球温度は、高温環境を評価する方法として用いられている指標の1つです。湿球黒球温度計が市販されていますので、ぜひ備えてください（図8）。

　体温測定は、起床時と運動の前後に行います。起床時の体温測定は、まだ横たわった状態のときに、湿球黒球温度測定は、運動するときに毎回行います。

　体重が減少しているときの要因の1つとして、水分補給の不足が考えられます。前日の水分補給量よりも多めの補給を心がけましょう。また、体温が高めのときや脈拍数が多いときは、疲労が回復していないと考えられます。運動量を減らすことも必要です。温度によって水分補給や休息の目安、あるいは勇気をもって運動を中止する目安としてください。

表5 予防としての水分と塩分の補給

❶水分＋塩分の摂取
　0.2%程度の塩と1%程度のブドウ糖を含む冷水
❷運動前から水分塩分補給
　500ml程度の補給を行う
❸体重減少量を目安に補給量を決定
　夏は4〜5%体重減少するので注意
　2%以内の減少に抑えるように水分塩分補給
❹口渇感がなくても積極的に水分塩分補給（表6参照）

表6 湿球黒球温度（WBGT）

WBGT	環境評価と対応
21〜25	注意　積極的に水分補給
25〜28	警戒　30分ごとに強制的に水分補給、休息
28〜31	厳重注意　15分ごとに強制的に水分補給、休息
31〜	原則運動中止

屋外：WBGT＝0.7×湿球温度＋0.2×黒球温度＋0.1×乾球温度
屋内：WBGT＝0.7×湿球温度＋0.3×黒球温度

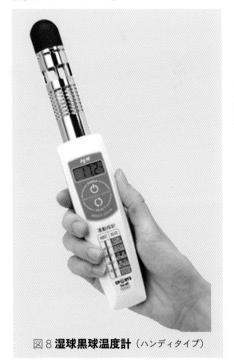

図8 湿球黒球温度計（ハンディタイプ）

≪4 低体温・凍傷

1 基礎知識

低体温と凍瘡・凍傷

スポーツを行う際、環境因子が影響する障害として、高温多湿が関係する熱中症がよく知られていますが、特殊な状況では寒冷による障害もあります。寒冷による障害には、身体全体に影響して体温が低下する低体温と、局所の障害である凍瘡（しもやけ）や凍傷が挙げられます。

これらは登山やスキー、ダイビングなど寒冷環境下で行われるスポーツで発生する可能性がありますが、通常環境下で行うスポーツにおいても、冬季では局所の障害である凍瘡や凍傷が発生することもあり、注意する必要があります。

低体温や凍瘡・凍傷は、予防が重要であることはいうまでもありませんが、ここでは応急手当についてもお話しします。

2 偶発性低体温症

中心部体温が35℃以下

低体温は中心部体温が35℃以下になった状態であり、35〜32℃を軽度、32〜28℃を中等度、28℃未満を高度低体温といいます。

脳や内臓あるいは大動脈内血液の温度を中核温といいますが、脳や内臓の温度を直接測定するのは困難なので、一般に病院では食道や直腸、あるいは膀胱内の温度を測定します。ヒトの体温は、通常一定に保たれていますが、環境因子などなんらかの原因で、偶発的に体温が35℃以下に低下した状態を偶発性低体温症といいます。

3 体温低下はどうして起こるか

熱の産生と放熱とのバランス

ヒトは恒温動物で、どのような環境下でも体温を一定に保つ機能をもっています。例えば運動などによって筋肉が収縮すると熱を産生しますが、産生された熱が平常の体温を維持する熱量を上回った場合は、体温の上昇を抑えるために、余分な熱量を外部に逃がす必要があります。このとき周囲の気温が低い場合は、主に皮膚からの放熱によって熱を逃がし、気温が高くなるに従って、主に発汗によって熱を放散します。

一方、寒冷環境下にさらされて体温が下降しそうになると、それを防ぐ反応が身体に起こります。1つは体の中の熱を外に逃がさないような働きであり、もう1つは

体の中で熱を産生する働きです。

　こういった熱の産生と放熱とのバランスが崩れた場合、体温が上昇して熱中症になったり、体温が下がって偶発性低体温症を発症したりします。

寒冷環境での生理的反応

　寒冷環境において身体の熱を逃がさないための手段は、皮膚からの放熱をなるべく防ぐことです。私たちが外からできることは、衣服によって保温することです。

　身体の内部では生理的な反応が起こり、カテコラミン（アドレナリンなど）というホルモンが分泌されます。このカテコラミンは血管を収縮させる働きがあり、皮膚の血管を収縮させて血流を減少させます。その結果、皮膚からの熱の放散を減少させることができます。

　熱の産生は、主に骨格筋が収縮することによって行われます。もちろん、通常の運動のために骨格筋が収縮しても熱産生は起こりますが、熱を産生することが目的で起こる骨格

表1 低体温症の悪化要因

❶極端な寒冷環境
❷強い風
❸衣服の濡れ
❹飲酒酩酊
❺睡眠剤・鎮静剤服用
❻小児・高齢者
❼飢餓（低血糖、疲労）
❽意識障害の合併

筋の細かな収縮を、シバリングといいます。寒いときにぶるぶる身体が震えてしまうことがよくありますが、これがシバリングです。体温が35℃以下になると、このように放熱を防ぎ、熱産生を促して体温を保とうとする反応が起こりますが、それよりも体温を低下させる因子が強ければ、体温はさらに低下してしまいます。

体温をさらに下げる要因

　体温をさらに低下させる要因としては、気温が極端に低いことはいうまでもありませんが、衣服や体表面が濡れていること（気化熱によって身体の熱が奪われやすい）、風が強いこと（身体の周囲の熱が奪われる）、飲酒（皮膚の血管が拡張して血流が増加し、皮膚からの放熱が増加する。また放熱防止や熱産生のための反応が鈍くなる）や睡眠剤・鎮静剤の服用（放熱防止や熱産生のための反応が鈍くなる）、小児（体重に比べて体表面が大きく、放熱量が多くなる。また熱産生の反応も弱い）・高齢者（熱産生の反応が鈍く、代謝も低下している）、飢餓状態（熱産生のエネルギーが不足している）、意識障害を合併するような病気や頭の外傷（熱産生の反応が鈍い）などが挙げられます（表1）。

　体温が32℃未満になると体温を上昇させる反応がなくなり、シバリングが消失します。その結果、熱産生がなくなるので体温低下が急激に進みます。

4 低体温で見られる症状

生命に危険が及んでいる状態

体温が35℃以下になると現れるシバリングは、骨格筋が収縮して熱を産生している状態なので、安静時の3〜6倍の酸素を使うことになります。身体がこれに対応して酸素を多く取り入れるため深く速い呼吸になります。また、心拍出量を増やすため脈拍が速くなり、血圧は上昇します。32℃未満になると意識がもうろうとし、シバリングが消失します。呼吸も脈拍も遅くなります。28℃未満になると昏睡状態になり、呼吸と脈拍はさらに遅くなります。心室細動が起こりやすくなり、さらに体温が下がると呼吸が停止し、心静止（心電図が平坦）になります（表2）。

シバリングが消失し、呼びかけに反応がなくなってきたら、体温が32℃未満の危険な状態だと思ってください。

5 低体温に対する応急手当て

二次災害の防止

重篤な偶発性低体温症は、多くの場合登山など厳しい環境で発症します。したがって、最も大切なことは二次災害の防止です。応急手当てはもちろん大切ですが、それに取りかかる前に安全確保することを優先してください。

グラウンドなどでの競技に比べ、リーダーの役割はさらに重要となります。リーダーの判断に従い皆で協力することが必要ですが、リーダーの判断が必ずしも適切とは限りません。それに対して異議を唱える場合は感情的にならず、建設的な対案を示しながら合議します。ただし、時間的猶予がないのも事実ですから、意見が分かれるときはリーダーに従い、単独行動はとらないようにします。

表2 **低体温時の身体の変化**

体温	意識	心臓・血管	呼吸	代謝	骨格筋
35〜32℃	健忘、昏迷	血圧上昇 頻脈	頻呼吸 換気量増大	亢進	シバリング
32〜28℃	せん妄 反応なし	血圧低下 徐脈	徐呼吸 換気量減少	低下	硬直
28℃未満	昏睡	血圧低下 徐脈 心室細動	徐呼吸 無呼吸	低下	硬直

体温を低下させる要因を取り除く

できるだけ暖かい環境に移動して風をさえぎることにより、さらに体温が低下することを防止するように努めます（図1）。また、衣服が濡れている場合は脱がして、濡れた体表面の水分を拭い取り、乾いた衣服を着せます。できれば、着替え用の衣服は温めておきますが、現場では難しいことが多いと思います。また、高山病や凍傷の合併にも注意が必要です。

体温の維持

現場では積極的に温めることはしません。これは救急隊の活動も含め、病院までの搬送中も同じです。特に、骨格筋のシバリングが消失して呼吸が弱くなっているときは、32℃未満の低体温が疑われます。32℃未満の低体温では心室細動が発生しやすく、特に体温が上昇する際に危険性が増します。

また、低体温での心室細動は難治性で、AEDを使用した電気ショックによっても除細動は困難とされています。したがって、32℃未満の低体温が疑われるような状況では、体温低下の要因を取り除き、毛布などによる保温に努めるようにし、積極的な加温はしません。毛布は上から掛けるだけではなく、下に敷いて背部の保温も同時に行います。掛け物より、敷物のほうが保温効果は高いとされています。

もし、意識がはっきりしていて、骨格筋の振戦が激しいときは、体温は32℃以上と考えられますから、電気毛布や湯たんぽなどで積極的に加温することもよいでしょう。また、温かい飲み物をとらせ、身体の中から温めるのもよい方法です。湯たんぽなどで局所を温めるときは、手足の感覚が鈍くなっていますから、低温やけどに注意してください。

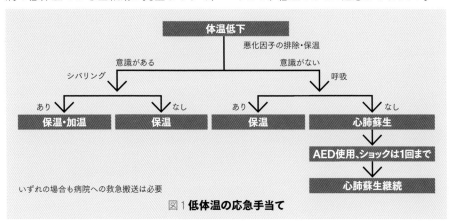

図1 **低体温の応急手当て**

また、凍傷を伴っている場合、凍傷部位は温めないようにして、全身の保温を行います。

心肺停止のとき

通常の心肺蘇生法は同じように実施しますが、AEDの使用に関しては特別な対応が必要になります。体温低下時は電気ショックによる除細動成功率が低いので、もしAEDを使用する場合はショックは1回にとどめ、以降は救急隊到着まで胸骨圧迫と人工呼吸を継続します。

低体温時は脳の代謝が低下するため、脳は心肺停止による低酸素状態の影響を受けにくいとされています。救急隊に引き継ぐまで、あきらめずに心肺蘇生を継続してください。

6 凍瘡と凍傷

凍傷の深度

寒冷環境下で皮膚軟部組織、骨組織が局所的に障害されることがあります。局所の温度が0℃以上で凍結しない場合の障害が凍瘡で、組織が凍結して障害が発生するものを凍傷といいます。

凍瘡は局所の循環障害であり、手の指、足趾や耳介に見られ、症状は腫脹、発赤、水疱形成などです。可逆性の変化ですから、循環が改善すると症状は短期間に改善します。

凍傷は組織が凍結して壊死した状態であり、1度から4度までの4つに分類されます（表3）。

1度は表皮までに限局したもので、発赤、腫脹、浮腫が見られます。2度は真皮まで達したもので、疼痛と水疱が加わります。1度と2度を合わせて浅在性凍傷といいます。

3度は凍結が皮下組織まで達したものをいい、皮膚は暗紫黒色となり、壊死や潰瘍を形成します。4度では骨や筋肉に達し、骨や筋肉に壊死が見られ、ミイラ化します。3度と4度を合わせて深在性凍傷といいます。

表3 **凍傷の深度分類**

分類	深度	障害深達度	症状
浅在性凍傷	1度	表皮のみ	加温後灼熱感、発赤、腫脹、浮腫
	2度	真皮まで	加温後充血、疼痛、浮腫、水疱形成
深在性凍傷	3度	皮下組織まで	暗紫黒色、壊死、潰瘍
	4度	骨・筋組織まで	骨・軟骨、筋の壊死(ミイラ化)

1 凍傷の応急手当て

お湯などで温めてはダメ

凍傷の発生は登山やスキーでの事故に関係することが多いと思われます。したがって、低体温に対する対応と同じく、二次災害の防止が最も大切になります。リーダーの指示に従い、リーダーをサポートして、全員が統一した意識をもって行動することです。

まず、安全な環境を確保することが必要で、局所の手当てに取りかかる前に、安全な場所の確保と移動が優先されます。

次にケガ人の評価になりますが、局所の病変にとらわれることなく、先に全身状態を評価することが大切です。低体温の存在や高山病などに留意し、濡れた衣服など体温低下になる要因を取り除き、毛布にくるむなど保温に努めます。特に敷物による保温は効果的です。

意識がはっきりしており、高度の低体温がなければ、できれば温かい飲み物をとらせるなどして、身体の中から温めるようにします。

全身状態の評価と応急手当てが落ち着いたら、手袋や靴下を注意深く優しく取り除きます。氷や水分を取り除き、清潔なハンカチやタオルなどで患部を覆い、保護と保温をして救助を待ちます。病院に着くまで、決して凍傷部位をマッサージしたり、お湯などで温めたりしてはいけません。可能なら圧迫しないよう気をつけながらシーネ固定し、拳上するようにしましょう。

≪5 頭部外傷

1 基礎知識

受傷現場で判断が求められる

スポーツの現場では野球、サッカー、ラグビー、あるいは格闘技などにおいて、頭部外傷は日常的に多くみられる外傷です。頭部外傷といっても、単に打撲しただけで何の症状もないものから、死に至るものまでさまざまです。軽症例が多いのも事実ですが、これまで軽症と思われていた脳振盪が重要視されるようになっています。脳振盪を繰り返すことにより重篤な高次機能障害をきたすこと、小児は成人に比べ脳震盪を起こしやすく回復に時間がかかることなどから、その予防と対応が注目されていま
す。

そして、受傷現場での緊急度や重症度の判断、あるいは脳振盪への対応が求められます。そのまま競技や練習に復帰できるのか、あるいはすぐに病院を受診させるのかが大切な判断になります。また脳振盪後の休養期間や競技復帰への過程についても、本人はもちろん、トレーナーや指導者が理解しておく必要があります。

受傷直後の応急手当は、外傷の二次的損傷（受傷時の衝撃ではなく、その後の救助者による移動や競技者自身の体動によって発生する障害など）を予防する上でも重要なポイントになります。

2 原因スポーツ

あらゆる競技で発生

軽症の頭部外傷は日常茶飯事なので、頭部に直接衝撃が加わるような格闘技やコンタクトスポーツだけではなく、他の競技でも転倒などにより容易に頭部外傷は発生します。したがって正確な統計を取ることは困難ですが、「学校の管理下における体育
活動中の事故の傾向と事故防止に関する調査研究（2013年）」によれば、競技人口1,000人あたりでは、ラグビーが最も多く（2.33人）、相撲（0.85人）、ボクシング（0.76人）、柔道（0.61人）の順に多く発生しています。そして、予後不良例は、スノーボード、スキー、柔道、アメリカンフットボールに多いとの報告もあります。

表1 **受傷直後の対応**

❶プレーを中断し、安全を確保する	❹声をかけ、反応を観察する
❷選手の顔が向いている方向から接近する	❺呼吸を観察する（有・無　いびき様呼吸）
❸頭部を両手で包むように保持する	

3 受傷直後の対応

重症を前提とした対応

　頭部外傷の多くは軽症例ですが、中には生命にかかわる重症例が含まれたり、受傷直後の対応が悪いことにより、病状が悪化したりする場合があります。そこで、重症度の評価ができるまでは、すべての事例に対して「重症」だと想定して対応しなければなりません。また、頭部外傷には頸椎・頸髄の損傷を伴うことも多いので、頸椎に対する保護も考慮した対応をしなければなりません（表1）。

まずはプレーを中断させる

　頭部への死球、選手同士の衝突、転倒、あるいはゴールポストへの衝突などにより、選手が倒れたときに最初に行うべきことは、プレーの中断です。そのため、倒れたことに気づいた人（選手やコーチ、審判など）が、すぐに大きな声で周囲の人たちに知らせることが大切です。審判や指導者が気づいた場合は中断の指示を出しやすい

のですが、選手やトレーナーが気づいた場合は指示を出しにくい場合もあります。また、審判や指導者でも、試合を継続することを優先してしまうことがあり、倒れた選手を担架に乗せて、すぐにフィールド外へ移動しようとする行為が見受けられます。もし重症だった場合や頸椎・頸髄の損傷を伴っている場合は、こういった行為によって負傷者の状況を悪化させる可能性が高いので、厳に慎まなければなりません。サッカーの試合中に選手が倒れたとき、ボールをフィールド外に蹴りだしてプレーを中断する光景をよく見かけますが、とても大切なことです。

頸椎の保護を忘れずに

　次に救助をする人たちは選手に近づいて対応しなければなりませんが、このとき大切なことは、声をかけずに、選手の顔が向いている方向から近づいていくことです（図1）。そして、両手で頭を包み込むように持ち、頸（首）が動かないように固定し

図1 頸椎外傷が疑われる場合の近づき方

選手の顔の向いた方向から近づく。後方から近づいて声をかけてはいけない

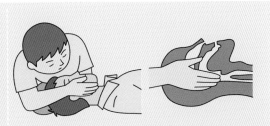

図2 頸椎の保護

ます（図2）。それから声をかけて反応を
みてください。

　頭の外傷はもちろんのこと、鎖骨から上
に外傷がある場合は、頸椎・頸髄にも損傷
を伴っている可能性があると考えてくださ
い。選手の後方から声をかけながら近づい
てしまうと、多くの場合は声の方向へ振り
向いてしまいます。このとき、もし頸椎・
頸髄の損傷があると、損傷が悪化する可能
性が高くなります。ですから、声をかけず
に顔の方から近づいていくことが必要です。

意識の確認

　それから声かけに対する反応をみます。
声をかけたときに、眼を開ける、言葉で応
える、手を握るなど、どれかの動作で応え
ることができれば反応ありとし、いずれも
ないときは、反応なしと判断します。

　反応がないときは、周囲の人に119番
通報とAEDを持ってくるよう頼みます。
そして呼吸の観察をします。正常な呼吸
が感じられなければ、CPR（心肺蘇生法）

表2 頸椎・頸髄損傷のチェック

❶頸部の自発痛がない
❷後頸部を押しても痛みがない
❸上下肢の感覚に異常がない
❹上下肢の筋力に異常がない
❺頭部を横方向に回しても抵抗や痛みがない

①から順番に確認しすべてクリアしたら頭部の保持を解除してよい

を開始します。（詳細はBLS一次救命処置
の項参照）。このとき、できれば頭を保持
したまま頸を固定しておきますが、CPR
を優先しますから、気道確保のために頸椎
保護が十分できなくても仕方ありません。

　反応がなく呼吸が感じられるときは、頭
を保持したまま移動せず、その場で救急車
の到着を待ちます。いびき様呼吸なら、で
きれば気道確保しましょう（P34参照）。

　反応がある場合は、「動かずじっとして
ください」と言って、選手が自分で動かな
いように指示してください。頸椎・頸髄の
損傷についてチェックしますが、否定でき
るまでは頭部保持を続けます（表2）。

　まず頸部に自発痛があるか聞きます。次
に頸の後ろを押して痛みがないかを確認し
ます。そして、手足にしびれ感などの感覚
異常がないか、筋力の低下がないか調べ
ます。ここまでで1つでも異常があれば、
119番通報をして、頭部を保持したまま
その場で救急隊の到着を待ちます。ここま
ですべて異常がなければ、少しずつ頭を左
右に動かして、抵抗や痛みがないか確認し
ます。

　抵抗や痛みがある場合はそのまま頭部を
保持して救急隊の到着を待ちます。以上の
すべてに異常がなければ頭部の保持を解除
して、選手をフィールド外など安全な場所
へ移動します。この間、試合は中断したま
まになります。

カナダで行なわれたソフトボールの国際試合で、キャッチャーが走者と衝突して倒れたとき、現場にいたドクターは頭部保持を指示し、選手の状態を確認しながら、救急隊が到着するまでその場で選手の安静を保っていました。救急車はグランドの中に入りホームベース脇まできました。もちろん試合は中断したままでした。このような対応が望まれます。

４ 緊急度・重症度の評価

意識があるかどうか

最初の接触時に声をかけても反応がないときはすぐに救急車を手配することが必要です。たとえ救急車が到着するまでに意識が回復しても、こういった場合は、その後に頭蓋内に出血が生じることもあるので、そのまま救急車で病院へ搬送することが必要です。すぐに救急車を手配しなくても良いのは、声をかけたときに反応があり、頸椎・頸髄の損傷が否定されたときだけです。このときは、現場で重症度（主に脳振盪）

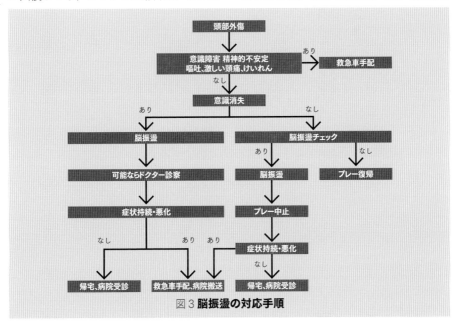

図３ **脳振盪の対応手順**

を判断していくことになります（図3）。

　まず、意識が清明か否かを判断します。名前や生年月日、今日の日付、ここはどこか、あるいは周りの人が誰か質問します。1つでも正確に答えられなければ意識障害ありとします。また、奇声を発する、不穏になる、攻撃的になるなど精神的不安定や、嘔吐、激しい頭痛、けいれんがあればすぐに救急車を手配します。すべて正確に答えられれば意識清明と判断し、次に意識消失（一時的に意識を失ったか本人はわからないことも多いので、周囲の人からの情報も大切になる）があったかをチェックします。意識消失があれば脳振盪と判断し、可能ならドクターのチェックを受けます。意識消失がなければ脳振盪の症状をチェックします（表3）。どれか1つでも該当すれば脳振盪と判断します。脳振盪の症状がないときは客観的なテストを行ないます（表4、図4）。1つでも疑わしい所見があれば脳振盪と判断します。

　脳振盪と判断したら、プレーは中止し、症状を注意深く観察しておきます。症状が改善すれば保護者と共に帰宅させ、できるだけ早く病院を受診させます。症状が持続あるいは悪化する場合は救急車を手配して病院へ搬送します。

　全てのチェックをクリアして脳振盪が否定されれば、その日の競技や練習に復帰することができます。

表3 脳振盪の初期症状（数時間以内）

❶頭痛
❷立ちくらみ、めまい
❸吐き気
❹うつろなまなざし、ボーッとした顔つき
❺質問に答えるのが遅い
❻つじつまの合わない発言
❼感情失禁（怒りっぽい、悲しくなる）
❽記憶障害（同じことを何回も訪ねる）
❾周囲への無関心
❿物が二重に見える

表4 脳振盪のテスト

精神機能テスト
❶見当識 　時間、場所、人の認識、周囲の状況 ❷集中力（数字の逆唱） 　3－1－7 　4－6－8－2 　5－3－0－7－4 ❸記憶 　❶前の試合のチーム名 　❷3つの単語、3つの物品名（直後、5分後） 　❸最近の大きなニュース 　❹試合の詳細

不正解なら脳振盪ありと判断する

身体機能テスト
40ヤード走、腹筋5回、腕立て伏せ5回、膝屈伸運動5回——これらを行ったあとに下記症状の有無をチェックする ●頭痛、めまい、嘔気、ふらつき、眼のかすみ ●複視、不安定な感情表現、精神機能テストの異常

※所見があれば脳振盪ありと判断する

神経学的テスト	
瞳孔正	円同大、対光反射はすみやか
協調運動	指鼻指試験、つぎ足歩行
感覚	閉眼で指鼻試験、ロンベルグ試験

※所見があれば脳振盪ありと判断する

協調運動

指鼻指試験
人差し指を自分の鼻に当てたあと、検者の指先と患者の
鼻先とを交互に触らせ、正確にできるかをみる

つぎ足歩行
足の先と踵がつくように足をつぎながら一直線上を歩か
せて、動揺性をみる

感覚

閉眼で指鼻試験
腕を伸ばしたところから自分の鼻先を人差し指で触ら
せ、円滑な動きかをみる

ロンベルグ試験
両足をそろえて立ち、目を閉じて両手を前方にまっすぐ
挙げさせて、動揺性をみる

図4 **神経学的テスト**

表5 **脳振盪の晩期症状**（数日〜数週間）

❶頑固な軽度頭痛	❻感情の変動
❷ふらつき感	❼耳鳴り
❸注意力・集中力の低下	❽不安感・うつ傾向
❹記銘力障害	❾不眠
❺疲れやすい	

5 脳振盪への対応

練習再開までは最低2週間

　脳振盪と判断されたら必ず脳神経外科医の診察を受けます。自分で受診する場合でもできるだけ早く、少なくともその日のうちに受診します。

　医師の診察により脳振盪と診断された場合は、入院せず自宅に帰ることができたとしても、24時間は絶対安静とします。絶対安静とは身体と脳を休ませることを意味します。家の中で歩く、食事をするなどは可能ですが、走る、自転車に乗るなどの身体活動は禁止されます。そして、勉強や読書、テレビゲーム、テレビ鑑賞など脳に負荷をかけることも禁止されます。またこの間は状態が悪化する可能性がありますか

ら、1人にしてはいけません。必ず家族や同僚など、状態を観察できる人が一緒にいてください。子ども（おおよそ小学生以下）では絶対安静と観察の時間は長くなり、48時間を必要とします。

　絶対安静期間に脳振盪の初期症状が続くようなら、もう一度脳神経外科医を受診します。症状がなければ、次のステップに進みます。競技団体によってその過程は多少差がありますが、ワールドラグビー（WR: World Rugby 国際ラグビー評議会 IRB: INTERNATIONAL RUGBY BOARD から名称変更）が推奨するステップを参考に述べます（詳細は各競技団体のホームページを参照してください）。

　絶対安静の後は心身の休養のため安静期

表6 **段階的競技復帰プログラムの一例**

リハビリ段階	運動範囲	目的
❶最低安静期間 受傷後最低14日間 （医師管理下では24時間）	症状がない状態での心身の休養	リカバリー
❷軽い有酸素運動	10~15分の軽いジョギング 水泳またはエアロバイク （筋力トレーニングは禁止）	心拍数の上昇
❸競技に特化した運動	ランニングドリル（頭部へ 衝撃を加える運動は 禁止）	動きを加える
❹ノンコンタクト・トレーニング ドリル	さらに複雑なトレーニングドリルに進む （パス・ドリルなど） 筋力トレーニング開始	運動、協調 認知的負荷
❺フルコンタクトの　練習	通常のトレーニング開始	自信の回復 機能スキルの評価
❻競技への復帰	競技復帰	回復

間が必要です。ウォーキングなどの軽い運動もしません。受傷後、脳振盪の症状（表3、表5）が消失してから絶対安静期間を含め最低2週間の安静期間が必要です（医師の管理下にある場合は、この期間は最短で24時間に短縮されます）。子どもでは3〜4週間程度に延長されます。また子どもの場合は、復学についても判断が必要になりますので、絶対安静期間の解除、復学については脳神経外科医の診察を受けることをお奨めします。

　安静期間をクリアすれば、いよいよ練習を再開します。それぞれのステップは、運動しても症状がない状態で最低24時間が必要です。運動して症状が出現したときは24時間安静にして1つ前のステップに戻らなければいけません。子どもでは各ステップをクリアする時間が48時間になります。症状が繰り返し出現するときは脳神経外科医を受診するようにしましょう。表6に段階的競技復帰プログラム（GRTP:Graduated Return to Play）の一例を示します。できれば「⑤通常のトレーニング開始」にステップアップする前に脳神経外科医を受診することをお奨めします。「⑥競技復帰」の前には必ず脳神経外科医を受診します。

脳振盪を軽く見ない

　脳振盪は、近年まで脳に器質的損傷はな

く一時的な機能障害と考えられており、症状は一過性で完全に回復すると思われていました。しかし、近年では微細な脳損傷が存在し、繰り返すことによりダメージが蓄積して、高度な脳機能障害が発生することが認識され、大きな社会問題に発展しています。また、症状が改善しても脳振盪を繰り返すと回復が遅れることもわかっています。1年以内に脳振盪を起こし、再び脳振盪と診断された場合は、競技への復帰はより慎重になります。

　さらに、脳振盪症状が改善しないうちに、同じように脳に衝撃を受けると重大な脳損傷を起こすことがあり、脳機能に重大な障害を残したり死亡したりすることもあります。このような場合は、最初の衝撃を受けたときに、すでに脳に損傷を負っていた可能性があります。脳振盪の症状が持続、あるいは悪化する場合はプレーから外れ、至急脳神経外科専門医を受診しなければなりません。

《6 脊椎・脊髄の外傷

1 基礎知識

骨折のみか、神経損傷があるか

脊椎は頚椎7、胸椎12、腰椎5からなりますが、頚椎と腰椎は構造上、筋肉と軟部組織に支えられているだけなので、大きな外力を受けたときに骨折・脱臼などの損傷が発生しやすく、損傷がひどい場合は脊髄損傷を伴うことが多くなります。胸椎は肋骨とともに胸郭を形成しているので、比較的骨の損傷の発生は少なくなります。

脊椎の外傷は椎骨の骨折・脱臼など骨構造の損傷で、脊髄損傷は神経そのものの損傷です（図1）。骨折があっても神経損傷がないこともあり、逆に骨折がなくても神経損傷を認めることもあります。脊椎に骨折を認めた場合、約10〜20％に脊髄損傷を伴います。

すべての脊髄損傷のうち約半数が頚髄損傷で、この場合、約40％は四肢麻痺となってしまいます。頚髄損傷では四肢麻痺はもちろん、ときには呼吸が停止して死亡に至ることもあるため、特に注意が必要です。

初期対応がよければ、神経損傷の発生や神経症状の悪化を防ぐことができます。また、早急に脊椎の脱臼や骨折、脊髄損傷に対応できる病院へ搬送することが大切です。頚髄損傷が発生すると多くの場合は寝たきりの生活になってしまいます。頚椎・頚髄の損傷があることを疑って初期対応することが大切になります。

2 頚椎・頚髄の外傷を疑う

スポーツでは発生を前提とする

アメリカンフットボール、ラグビーなどのコンタクトスポーツ、柔道、空手、レスリングなどの格闘技、水泳の飛び込み競技、モータースポーツ、スノーボードなどスピードを伴う競技、体操など回転や跳躍を伴う競技など、多くのスポーツで頚椎・頚髄の外傷が発生する可能性があります。常に頚椎・頚髄の外傷があるものと認識して対処することが求められます（表1）。

特に発生しやすい状況としては、転倒・転落などによって頚が過度に前方へ屈曲、あるいは後方へ伸展されたときです。例えばラグビーのスクラムが崩れたとき、激しくタックルを受けたとき、水泳の飛び込み競技、鉄棒などからの墜落、格闘技で攻撃を受けたとき、スノーボードでの転倒などがあります。受傷機転がはっきりしない場合でも、鎖骨から上の部分の外傷、例えば鎖骨骨折が疑われるとき、そして頭部外傷のように意識障害を伴う外傷があるときは、頚椎・頚髄の外傷があるものと考えて対応することが必要になります。

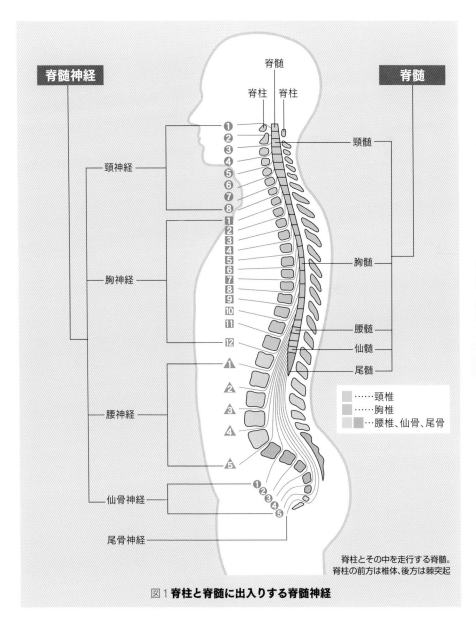

脊髄神経

脊髄

脊髄

脊柱　脊柱

頸髄

頸神経

胸神経

胸髄

腰髄
仙髄
尾髄

腰神経

❶
❷
❸
❹
❺
❻
❼
❽

１
２
３
４
５
６
７
８
９
10
11
12

△1
△2
△3
△4
△5

❶
❷
❸
❹
❺

仙骨神経

尾骨神経

……頸椎
……胸椎
…腰椎、仙骨、尾骨

脊柱とその中を走行する脊髄。
脊柱の前方は椎体、後方は棘突起

図1 **脊柱と脊髄に出入りする脊髄神経**

3 受傷直後の対応

選手への対応に専念

　頸椎・頸髄の外傷が疑われるときの対応ですが、最初に気づいた人は周囲の人たちに異常を知らせ、プレーを中断するようにします（表2）。頸椎・頸髄の外傷では、不用意に選手を動かすことによって二次的に症状が悪化する可能性が高くなります。

　例えば骨折があったとしても、脊髄まで影響を与えない程度にとどまっていたものが、動かすことによって骨折片が脊髄自体に接触し、神経麻痺症状が出現してしまう

こともあります。また、外傷部位の出血や浮腫によって、二次的に神経症状が悪化しますが、安静を保つことによって、少しでも影響を少なくするように努力します。ですから、まずプレーを中断して選手への対応に専念しなければなりません。これは頭部外傷での対応と共通します。

　受傷直後の対応は、頸椎の保護、意識の確認、頸椎・頸髄損傷のチェック、脳振盪のチェック、その後の対応が共通しています。頭部外傷の項を参照してください。

4 意識がないとき

頸椎保護を継続

　初期対応は頭部外傷と同じです（図2）。意識がないときは頸椎・頸髄損傷の症状をチェックすることができませんから、損傷

があるものとして対処します。頭部保持を継続して頸椎を保護します。安易に担架に乗せて移動するようなことは決して行ってはいけません。頸椎を保護しないまま移動することにより、症状を悪化させる可能性

表1 **頸椎・頸髄損傷を疑う状況**
❶転倒・転落による頸椎の過伸展・過屈曲
❷スクラムの崩れ
❸タックルによる頸椎の過伸展・過屈曲
❹鎖骨から上の部分の外傷があるとき
❺意識障害を伴う外傷
❻飛び込んだことが明らかな溺水

損傷があるものとして対応する

表2 **受傷直後の対応**
❶プレーを止める
❷周囲に異常を知らせる
❸選手の顔が向いている方向から接近する
❹頭部を両手で保持し頸椎を保護する
❺声をかけ、反応を見る
❻呼吸を観察する(有・無　腹式呼吸か?)
❼脈拍を観察する(脈拍が少ないか?)

受傷した選手を動かさずに行うこと

があります。

　移動が可能な方法はバックボードやスクープストレッチャーなどの器具に全身固定することですが、器具をあらかじめ準備する必要があります。固定方法を修得するには外傷セミナーなど一定の訓練が必要です。ラグビーなど発生の可能性が高い競技では、あらかじめ準備することもあろうかと思いますが、一般的には訓練を受けていない人が行うのは難しいと思います。したがって、その場で頭部を保持して頸椎を保護し、救急隊の到着を待って、彼らに任せることになります。

　頸髄損傷では、肋間筋の動きが麻痺しますから、呼吸の際に胸郭は動かなくなり、横隔膜の動きだけによる呼吸になります。これを腹式呼吸といいます。また、心臓への交感神経も遮断されますから脈拍が遅くなります。腹式呼吸や脈拍が遅いときは頸髄損傷の可能性は高く、さらに注意深く頸椎を動かないように保護しておくことが必要です。乱暴に扱って損傷が少しでも上位の頸髄まで及ぶと、呼吸そのものが停止してしまいます。

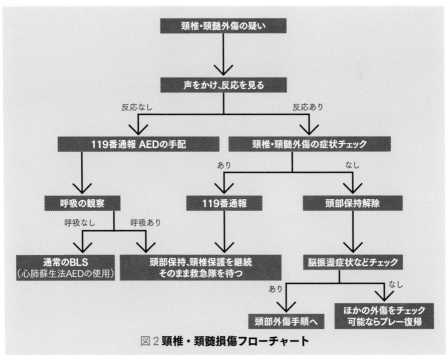

図2 頸椎・頸髄損傷フローチャート

5 意識があるとき

頸椎保護して症状チェック

　意識がある場合は頭部を保持して頸椎を保護したまま、頸椎・頸髄の外傷を疑う症状があるかチェックします（図3、表3）。このとき、多くの選手は「大丈夫だ」といって、自分で動こうとします。頸椎・頸髄の外傷がないことを確認するまでは動かしてはいけないので、「絶対に動くな！」と強く指示します。できれば指導者が指示を出したほうが良いでしょう。

　まず頸部に痛みを感じるか聞いてみます。次に頸の後ろ側に頸椎の突起が触れますから、これを軽く圧迫して痛みを感じるか聞いてみます。頭を保持した手は離しては

いけませんから、別の人が確認することになります（図4）。

　さらに、両方の手足の感覚が鈍くないか、びりびり痺れていないか、それぞれ触れてみて感覚を確認します。まったく感覚がなければ完全麻痺の恐れが高くなります。びりびりした感じや、鋭い痛みが走るような知覚過敏の状態は不全損傷の可能性が考えられます。手を握ってもらったり、足の趾を動かしてもらったりして運動麻痺がないかもチェックします。頸椎を保護しておかなければいけませんから、大きく腕を動かしたり、起き上がったり、太ももを動かしたりしないように配慮します。

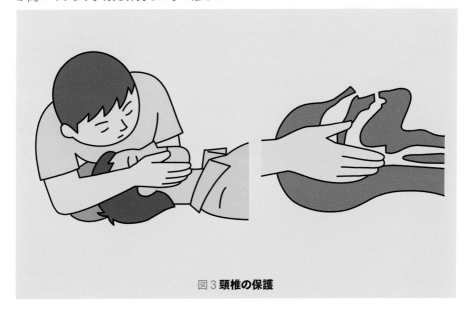

図3 **頸椎の保護**

1つでも異常があれば損傷

　以上のチェックでどれか1つでも異常があれば損傷ありと判断し救急車を要請します。そして、その場で頸椎の保護を継続して救急車の到着を待ちます。1つも異常がなければ、最後に頸部を左右に少しずつ動かして痛みを感じることがないか、動きに抵抗がないかをチェックします。

　痛みがなく抵抗を感じなければ頭部を保持している手を離して頸椎保護を解除します。そして、上肢や下肢の大きな動きにも異常がないか確認してください。異常がなければフィールド外の安全な場所に移動させて、脳振盪症状や他の外傷がない

かチェックして、すべて異常がなければプレーに復帰させます。

　選手が救急車に収容されるか、あるいはフィールド外に移動されるまではプレーは中断したままということになります。

表3 頸椎・頸髄損傷の症状チェック

❶頸部の自発痛がない
❷後頸部を押しても痛みがない
❸上下肢の感覚に異常がない
❹上下肢の筋力に異常がない
❺頭部を横方向に回しても抵抗や痛みがない

①から順番に確認しすべてクリアしたら頭部の保持を解除してよい

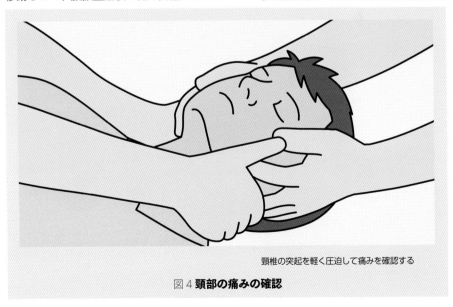

頸椎の突起を軽く圧迫して痛みを確認する

図4 頸部の痛みの確認

6 ヘルメットは取るか？

基本は着用したままで対応

　アメリカンフットボールなどではプレー中にヘルメットを着用しており、受傷直後の対応時にヘルメットを取り外すのかという疑問が生じてきます。

　基本的にはヘルメットは外さないで対応します。頸椎保護のための頭部保持は、ヘルメットとあごの部分を一緒に保持することによって実施します。ヘルメットだけを

持っていると、ヘルメット内で頭だけ回転してしまうこともありますから、あごも一緒に保持してください。また、バイク用ヘルメットでもシールドを開放して、意識や呼吸の確認を行うことができれば、その場ですぐに取り外す必要はありません。

　呼吸が感じられなければ、CPR（心肺蘇生）を実施しなければなりません。CPRは頸椎保護より優先する処置ですから、この場合は急いでヘルメットを取り外

①ヘルメットと下あごを両手で保ち、シールドを持ち上げる

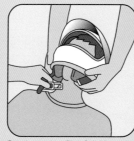

②ヘルメットの留め金を外し、下あごを自由にする

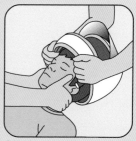

③頸部を4本の指で持ち、保護する。ヘルメットの下を両手でしっかりつかむ

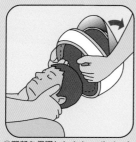

④頸部を保護したまま、ヘルメットをまっすぐ引いて外す

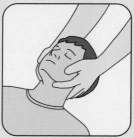

⑤ヘルメットを外した人が頭部を支えつつ、指で下あごを押し上げて気道を確保

※ジェット式の場合は、前方に回転させるようにして外す

図5 ヘルメットの外し方（緊急の場合にのみ行う）

し、通常のCPRを実施してください。ただし、胸骨圧迫は一刻も早く開始したいので、ヘルメットを取り外す間は人工呼吸を省略して、胸骨圧迫だけでもなるべく早く開始してください。救助者が1人だけならヘルメットはそのままにして、胸骨圧迫のみ実施することになります。

嘔吐が激しく窒息の危険があるとき、気道確保が困難なときなどは、急いでヘルメットを外す必要があります。できれば、消防署などに出向いて、緊急時のヘルメットの外し方を習っておくとよいでしょう（図5）。

1 緊急時の気道確保

救助者の人数によって対応

頸椎・頸髄の外傷の可能性があれば頭部保持による頸椎保護が必要なことは前述の通りです。しかし、意識障害が強いときは舌根が沈下して呼吸がうまくできなくなることがあります（意識がないときは舌が喉の奥に落ち込んで気道をふさいでしまいま

す）。こんなときは気道確保が必要になります。下顎を持ち上げて気道確保しますが（下顎挙上法）、上手くいかないときは、一般の人に推奨されている頭部後屈あご先挙上法を用います。嘔吐したときは身体全体を横向きにしますが（図6）、人手が少ないときは頭だけ横に向けて、嘔吐物が気管へ流れ込むのを防止します。

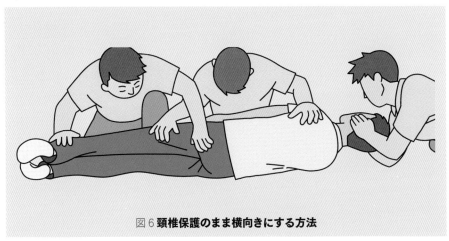

図6 頸椎保護のまま横向きにする方法

≪1 顔面外傷

1 基礎知識

機能的に重大な外傷の恐れ

　アメリカンフットボールなど、フェイスガードを使用する競技以外では、顔面は露出しているために外傷を受けやすい部位の1つです。顔面は血流が豊富なため、出血が多く一見派手な外傷に見えますが、生命の危険を伴うことは少ないのも事実です。しかし、眼、鼻、口など特殊な機能を果たす部分が存在しますから、機能的には重大な外傷が発生する恐れもあります。

　また、受傷の仕方からすれば、頭部外傷や頸椎・頸髄の損傷を合併している場合もあり、顔面外傷の2％に頸椎外傷を伴うという報告があります。

　さらに、鼻腔や口腔内に多量に出血することもあり、気道の確保も重要なポイントになります。顔面外傷そのものは生命にかかわる緊急性は小さいのですが、出血や下顎骨骨折などによる気道閉塞への対応、合併する外傷の評価と対応が問題になると思います。頸部外傷では、喉頭・気管への外力によって気道閉塞を起こす可能性があり、注意を要します。

2 生命にかかわる状況－初期対応－

A、B、Cに対する評価

　外傷に限らず病気などにおいても、最も緊急性が高く重要な応急手当ては、いわゆるA、B、Cに対する評価と応急手当てです。AはAir way＝気道、BはBreathing＝呼吸、CはCirculation＝循環です。これらに対する評価を順番に行いながら、その機能が障害されていれば応急手当てを実施します。これは、急に倒れた人（心肺停止状態かもしれない人）に対する手順と同じです。

　まず、倒れた選手に近寄りますが、このときは頭部外傷や脊椎・脊髄損傷を疑うときと同じように、選手の顔が向いている方向から視線を合わせながら近づき、頭部を両手で保持して頸椎を保護します。次に、呼びかけに対する反応を見ます（図1）。

呼吸がない場合はBLSへ

　呼びかけに反応がなければ、まず119番通報とAEDの手配を指示します。そして、頸椎を保護したまま呼吸を観察します。正常な呼吸が感じられなければ、その場で心肺蘇生の手技に従って応急手当てを実施します（1章のBLS、CPRの項を参照）。

　顔面外傷の場合、口腔内に出血を伴っているときは、フェイスシールドを用いても十分に感染防御ができないこと、そして血液が気管に流れ込んでしまうことなどか

ら、人工呼吸は省略したほうがよいと考えられます。また、CPR は頸椎保護より優先する処置ですから、救助者が少ないときや、気道確保がうまくできないときは、頸椎保護が犠牲になってもかまいません。救急隊が到着するまで CPR を実施し、必要に応じて AED を使用します。

口鼻腔内出血の場合は気道確保

正常な呼吸が感じられるときは、頭部外傷や頸椎・頸髄損傷の存在を考慮し、その場で頭部保持を継続して、救急隊の到着を待ちます。このとき、口腔内や鼻腔内に出血しているときは、頸椎を保護したまま、選手を横向きにします（脊椎・脊髄の外傷

の項を参照）。あお向けのままでは血液が気管に流れ込んで、気道を塞いでしまいます。横向きにすることによって、口腔内の血液を外に流し出すことができ、また、舌が落ち込んで気道を塞ぐことを防止できます。ただし、頭や頸椎を安静に保つことは大切ですが、気道を確保することはもっと大切になります。うまく頭部保持による頸椎保護ができなくても、横向きにすることによる気道確保を優先してください。

気道が確保され呼吸も正常に感じられるとき、余裕があれば止血処置を試みてください。口腔内の止血は難しいと思いますが、鼻出血や顔面皮膚からの出血は、圧迫によって止血が可能なこともあります。

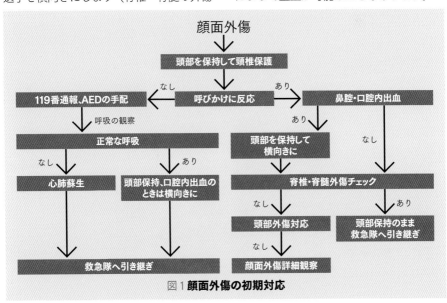

図1 **顔面外傷の初期対応**

3 意識があるときの対応

血液を吐き出させる

　呼びかけに反応があるときは、口腔内と鼻腔内の出血を観察します。出血があれば頸椎を保護したまま横向きにして、血液を飲み込まずに外へ出すように促します。血液を飲み込むと吐き気が強くなり嘔吐しますから、必ず吐き出させるように注意します。口腔内と鼻腔内に出血がなければ、あお向けのまま頸椎保護を続けます。

　横向きかあお向けで、脊椎・脊髄損傷をチェックします（脊椎・脊髄外傷の項を参照）。症状があれば119番通報して、そのまま救急隊の到着を待ちます。症状がなければ頭部外傷の対応をします（頭部外傷の項を参照）。

　頭部外傷について緊急を要する状態がなければ、ここではじめて顔面外傷について詳細に観察します。この間、可能なら圧迫止血を実施します。

4 止血処置

出血を放置しない

　モータースポーツなど特殊な競技を除けば、スポーツによる顔面外傷は交通外傷と異なり、顔面に及ぼす外傷エネルギーが小さいので、生命に危険が及ぶような大量出血や気道閉塞に至る重症例は多くはありません。しかし、顔面はほとんどの部分で皮膚の直下に硬い骨があるために、衝撃物と骨との間に皮膚が挟まれる状態となり、小

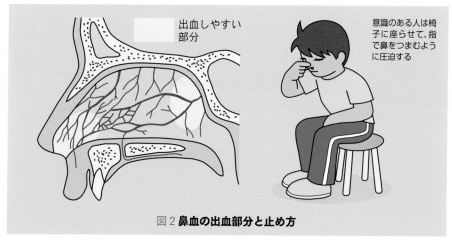

出血しやすい部分

意識のある人は椅子に座らせて、指で鼻をつまむように圧迫する

図2 鼻血の出血部分と止め方

さい創でも深部まで達します。

　また、顔は血管が豊富な場所ですから出血量が多くなるのも特徴です。子どもは大人より身体に比較して頭や顔の割合が大きいので、こういった出血を放置するとショック状態に陥ることも少なくありません。ですから、その場での止血処置が大切になります。

指で押しつけて止血

　止血方法に関しては1章の創傷処置の項で紹介しましたが、皮膚の直下に硬い骨がある場合は、指や手による圧迫止血効果が大きいのが特徴です。

　先ほど述べましたように顔は小さな創でも出血が多いのですが、圧迫止血がしやすい場所でもあります。少し痛がるかもしれませんが、皮膚の下の骨に押し付けるように圧迫すれば、止血は決して難しくはありません。

　顔の外傷では鼻出血も多く見られますが、深い部位からの出血は少なく、多くは外鼻孔に近い粘膜からの出血です。鼻を指でつまむように圧迫すれば、ほとんどの場合は止血することができます（図2）。

　意識がある人に実施する場合は、椅子などに座らせて実施するとよいでしょう。横になった状態や首が折れ曲がるような状態では、顔がうっ血して出血量が多くなりがちです。また、口の中にたまった血液を外に出しやすくするためにも、座らせておいたほうがよいでしょう。

5 下顎の骨折

気道を確保する

　顔面の骨の中で、下顎骨は可動性の高い唯一の骨です。噛むことにとても重要な働きをしていますが、気道を確保するためにも重要な役割を果たしています。噛むことの機能については、現場での処置が必要になるほどの緊急性はありませんから、あとで形成外科や口腔外科で治療を受ければ大丈夫です。気道を確保するという点では、緊急性が高いので、現場での対応とともに119番通報が必要になります。

　変形するほどの下顎骨骨折を認める場合、頭部後屈あご先挙上法による気道確保は難しくなります。また、多くの場合口腔内に出血を伴いますから、心肺停止状態のときには、口対口の人工呼吸は省略して、胸骨圧迫のみを絶え間なく続けるようにします。

　呼吸が感じられる場合や呼びかけに反応がある場合でも、下顎骨骨折があると口の中に出血することも多く、舌が落ち込んで気道を塞ぎやすくなるので、横向きにする方法で気道を確保して、救急隊の到着を待ちます。

6 視力の確認

同じように見えているか

　眼部への直接の衝撃では、眼球破裂や網膜はく離などの危険があります。受傷後時間が経過するとともにまぶたが腫れてしまい、眼球の状態や見え方を観察できなくなってしまいます。受傷直後に物が見えていたか、光に対する反応があったかなどは、大切な所見になります。意識がある場合は受傷後すぐに眼を開かせて、片方ずつ今までと同じように見えているか確認します。

　見え方が悪いようであれば、至急眼科専門医の診察を受ける必要があります。また、小さな網膜はく離では、見え方が悪いというような自覚症状がはっきりしないこともあります。網膜はく離は緊急治療を要する眼の外傷の1つです。運動によって状態が悪化することが多いので、眼球に直接衝撃を受けた場合は、症状がなくても競技から離脱させ、眼科専門医を受診させます。

眼窩床骨折、視神経管骨折

　見え方が正常でも、眼球の動きが悪くなる眼窩床骨折というのがあります。これは眼に衝撃が加わったときに、眼窩（眼球が入っている骨）の底部の薄い骨が歪んで骨折してしまう状態です。骨折したところに眼球を動かす筋肉が挟まって、眼球の動きが悪くなり物が二重に見えることがあります。これ自体は緊急性が高くないのですが、眼窩床骨折がある場合は、網膜はく離を合併していることが多いので、眼球の動きが悪い場合もすぐに眼科専門医を受診させます。

　眉毛あたりの眼窩の硬い骨に衝撃が加わると、その衝撃が眼窩の奥に伝わり、奥にある視神経管が骨折することがあります。ここには視神経が通っていて、骨折により多くの場合、視神経が損傷され視力が失われます。

7 競技への復帰

網膜はく離に留意

　意識がある場合は、脊椎・脊髄の損傷や頭部外傷などのチェックが終了後、異常がなければ競技への復帰の可能性があります。競技復帰への条件に止血が完了していることが含まれている場合は、確実な止血処置と創の保護処置が必要になります。止血が完了していれば、鼻骨骨折はあっても競技復帰は可能です。しかし、練習であれば中止して病院を受診するほうがよいでしょう。

　眼部へ直接衝撃が加わった場合は、その場で特に症状がなくても、先ほど述べたように網膜はく離は否定できませんから、競技を離脱して眼科専門医を受診させなければなりません。

8 予防

保護する用品を使用する

　顔面外傷は格闘技やサッカー、ラグビー、野球などでは避けて通れません。しかし、予防が可能な部分もあります。

　ラグビーなどでは高校生はヘッドギア装着が義務付けられているようですが、大学生、社会人でも使用により軟部組織の損傷は避けられる可能性があります。ソフトボールの海外の選手には、フェイスガード付きのヘルメットを使用している選手が多く見られます。国内でも使用を推奨します（図3）。

　マウスガード（図4）の効用については、歯の損傷、歯槽骨骨折、下顎骨骨折の予防効果のみならず、頭部外傷の軽減効果もあるとされています。個人の歯型に合わせて作成してもそう高価ではなく、あらゆる競技において簡単に使用できますから、ぜひお勧めします。

図3 **ソフトボールの海外選手が使用する**
　　ヘルメット

図4 **マウスガード**

≪8 胸部・腹部外傷

1 基礎知識

重要臓器の損傷に留意

　胸部には肺、心臓、大血管など重要な臓器が存在します。これら臓器が損傷した場合は生命の危険を意味し、外傷の中でも最も緊急性が高くなります。最重症例では即死のこともありますし、多くの場合、病院での決定的治療（手術など）までに許される時間は1時間以内です。

　これらの臓器は、胸骨、肋骨、脊柱という骨で形成される胸郭で保護されていますから、通常のスポーツ、例えば、格闘技、サッカー、ラグビー、野球などによる受傷では、肋骨骨折、胸骨骨折、脊柱の骨折などは発生しますが、心臓や大血管あるいは重症肺損傷の発生は稀となります。しかし、モータースポーツ、乗馬、山岳スポーツなど受

傷エネルギーが大きくなる競技では、一般の自動車事故と同じように致死的な外傷も発生します。

　一方、腹部にも肝臓、脾臓、腎臓など血流が豊富な実質臓器や、腸管を栄養する血管などがあり、心臓や胸部の大血管ほどではありませんが、多量の出血により致死的な外傷を負う可能性もあります。腹部は胸部のように硬い骨に保護されていませんから、通常のスポーツでも重大な臓器損傷が発生する可能性はあります。ただし、重症胸部外傷に比べると、病院での決定的治療までに許される時間は少し長くなり、救命される可能性も高くなります。

　今回はモータースポーツなど特殊な競技を除き、一般的なフィールド競技などについて説明します。

2 受傷直後の対応

頭部外傷、脊椎・脊髄の外傷と同様

　外傷における受傷直後の対応は、どのような外傷でも違いはありません。頭部外傷や脊椎・脊髄の外傷時の対応と同じです（脊椎・脊髄の外傷の項の表2参照。図1）。

　必ずプレーを中断して、みんなで受傷したプレーヤーへの対応に専念しなければいけません。状態を評価しないまま、担架などで移動するようなことは決してしてはい

けません。倒れている選手の顔が向いているほうから近づき、両手で頭を包み込むように保持して頸椎を保護します。これは頭部や脊椎・脊髄外傷のときと同じです。

　次に声をかけて反応があるかどうかを見ます。反応がなければ、すぐに119番通報とAEDの手配を周囲にいる人たちに指示します。反応がないときは、頭部外傷はもちろんのこと、胸部や腹部外傷の可能性も十分ありますが、このようなときは現場

でできることは限られています。呼吸を観察して、心肺停止状態が疑われれば胸骨圧迫と、必要ならAEDを使用することです。

反応がなく呼吸があるときは、頭部を保持し頸椎保護をしたまま救急隊の到着を待ちます。嘔吐するようなときは、3人以上で協力して頭を保持したまま横向きにします（脊椎・脊髄の外傷の項を参照）。こうすることによって、嘔吐したものがのどに詰まって窒息するのを防ぐことができます。

反応があるときは、まずショック症状の有無をチェックします。ショック症状を認めればすぐに119番通報をして、その場で頭部保持による頸椎保護をしたまま救急隊の到着を待ちます。ショック症状がなければ、頸椎・頸髄損傷の症状をチェックします。

頸椎・頸髄損傷の症状がなければ、頭部を保持している手を離し、ステップ2（図3）へ進みます。

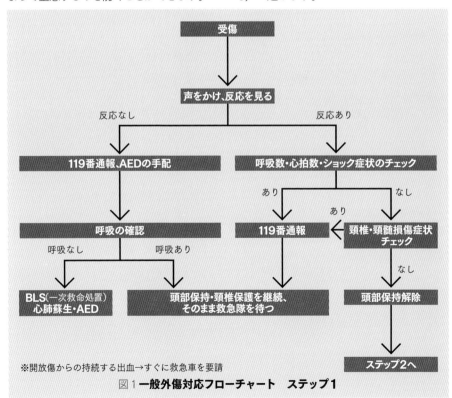

※開放傷からの持続する出血→すぐに救急車を要請

図1 **一般外傷対応フローチャート　ステップ1**

3 ショック症状のチェック

ショックの原因

　ショックとは、さまざまな原因で血圧が低下して、身体のすみずみにまで十分に血液が流れない状態です（表1）。外傷によるショックは、主に出血によることが多いのですが、頸髄損傷や痛みによる神経原性のショックが合併していることもあります。

　出血性ショックと神経原性ショックとでは症状が異なります。

出血性ショック

　出血によるショックでは、循環血液量が不足して血圧が下がり、それを補うために交感神経が緊張して末梢血管が収縮し、さらに心臓の機能は促進されて頻脈（脈拍数の増加）になります。血管が収縮するため顔面や皮膚は蒼白で冷たく、冷や汗によって湿った感じになります。症状が進行して脳への血流量が減少すると、不穏状態になるなど意識状態が悪化することもあります。

心臓からの血液拍出量が減少し、血管も収縮するので脈拍は触れにくくなります。

　指の先は特に血流が低下しやすいので、リフィリングタイムは2秒以上に延長します。リフィリングタイムとは、圧迫して白くなった爪が、圧迫を外すと血液が流れて赤くなりますが、圧迫を外してから赤くなるまでの時間をいいます。正常では、2秒未満に血流が戻って赤くなります。

　また、呼吸数は最初増加しますが、ショック状態が悪化すると逆に減少してしまうこともあります。

神経原性ショック

　これに対して、頸髄損傷による神経原性ショックでは、脳からの交感神経が頸髄レベルで遮断され、頸から下の末梢血管が拡張して血圧が下がり、心臓の機能も抑えられて徐脈になります。普通は血圧が低下すると代償的に脈拍数が増加しますが、頸髄損傷では心臓への交感神経も遮断されてい

表1 **ショック症状のチェック**

ショック状態を疑う症状
❶顔色が悪い(蒼白)
❷冷や汗をかいている
❸手足が冷たい
❹脈の触れ方が弱い
❺リフィリングタイム 2秒以上
❻呼吸数の異常(1分間に9回以下あるいは30回以上)
❼脈拍の異常(1分間に40回以下あるいは100回以上)

※運動中は呼吸数・脈拍数が増加しているので、数分間落ち着くのを待って観察する。

るため、脈拍数が減少してしまいます。血管が拡張しているので、皮膚は赤みがあり温かい感じになります。

痛みによる神経原性ショックは副交感神経（迷走神経）が刺激されることによって起こります。副交感神経の働きにより血圧が低下し、この場合も副交感神経の作用で脈拍数が減少します。顔面は蒼白となり冷や汗も著明で、手足も冷たく感じられます。気分不快や顔面蒼白などの症状が見られます。こういった症状は一時的で、時間経過とともに改善していきます。

ショック症状→119番へ

外傷ではこれらの原因が重なることも多いのですが、数分で症状の改善傾向が見られないときは、緊急性が高いと判断します。ショック状態を疑わせる所見があれば、直ちに119番通報します。その後、容態が悪化して心肺停止に至ることもありますから、意識と呼吸を継続的に観察して、呼吸があえぐようになったり停止したりした場合は、直ちにCPRを実施します。

変化がなければあお向けに寝かせて救急隊の到着を待ちます。出血によるショックが考えられるときは、あお向けで水平に寝かせておきます。嘔吐する場合は横向きにします。

ショック体位

血圧が低下したときにとる体位で、上半身は水平にして下肢を挙上する体位です（図2）。下肢を挙上することによって下肢の血液を心臓に戻し、下肢への血流を減少させて重要な臓器への血流を保つ方法です。

熱中症などによる脱水のときには有効な体位ですが、外傷による出血性ショックのときはショック体位にしてはいけません。一時的に血圧が上昇しますが、それによってさらに出血が増加してしまいます。こういうときは水平にしておくのが原則です。

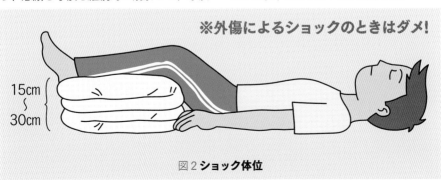

※外傷によるショックのときはダメ！

15cm〜30cm

図2 ショック体位

4 受傷部位のチェック

安全な場所で確認

　ショック症状と頸椎・頸髄損傷を疑わせる症状がなければ、フィールド外の安全な場所へ移動します（図3）。本人や周囲の選手から状況を聞き、あるいは受傷機転から受傷部位をチェックします。単なる接触による転倒など、明らかに受傷エネルギーが小さく、本人の症状も軽微な場合は競技復帰が可能です。頭部への死球や頭同士の衝突など、外力が限局していることが明ら

かなこともありますが、タックルや激しい転倒、衝突では多くの部位を受傷する可能性があります。

　ここまでチェックがすんでいる場合は、この時点では緊急性が高い状態ではないので、頭部、胸部・腹部、骨盤・四肢の観察を順次行っていきます。観察の間に反応が鈍くなる、ショック症状が出現することもありますから、頻繁に声をかけ、反応を見ながら観察を続けます。状態が少しでも悪くなるようならすぐに119番通報します。

5 救急車要請の判断

ショック症状に常に注意

　どの部位を優先して観察するかですが、

前述したように胸部外傷は時間的猶予が最も短いので、まず胸部を最初に観察します。呼吸の苦しさを訴えていないか確認しま

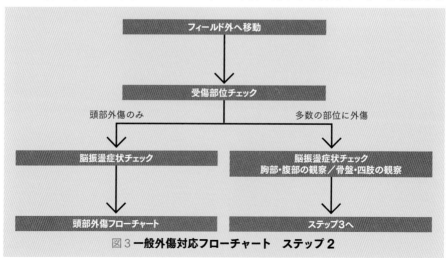

図3 一般外傷対応フローチャート　ステップ2

す。次に胸部の皮膚を指で押してみて、空気がぷつぷつとつぶれるような感触がないかみてください。この感触があるときは、皮下気腫といって、肺が損傷していることを意味します。さらに、胸郭を軽く圧迫してみて、肋骨が折れている感触がないか確認し、その部位に強い痛みがあるか確認します。

腹部の内臓、特にすい臓や腎臓が損傷した場合は、背中や腰のあたりに強い痛みを訴えます。肝臓や脾臓は血流が豊富なため出血量が多くなり、腹部の痛みやショック症状が見られます。腸管の損傷はすぐに症状が出ないことも多いのですが、腹痛が次第に強くなるときは要注意です。

胸部・腹部の状況に問題がなければ、骨盤・四肢の観察に移ります。全身を観察中

も常に選手に声をかけ、意識状態やショック症状の出現に注意を払います。状態が悪くなるようならすぐに 119 番通報しなければなりません（図4）。

最後に頭部外傷をチェックしますが、ほかの身体症状がなければ、脳振盪の客観的検査を行うことができます（頭部外傷の項を参照）。

これらがすべてクリアされれば、競技復帰の可能性があります。競技レベル、痛みの程度、症状の推移から可能性を判断します。一般的なフィールド競技での選手同士の接触や衝突では、ほとんどの場合、競技復帰が可能ですが、明らかに軽微な外傷以外は、これまでの手順により外傷の評価を行ったあとに復帰させるようにしましょう。

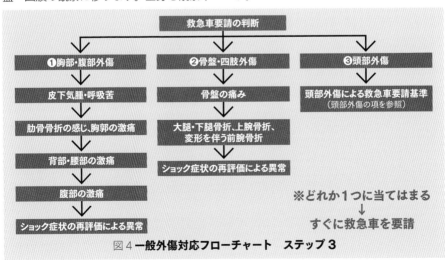

図4　一般外傷対応フローチャート　ステップ3

《9 骨盤・四肢外傷

基礎知識

生命に及ぶ外傷を先に確認

　四肢の外傷だけでは、生命に危険が及ぶことはほとんどありません。ですから、例え一見派手な創があっても、最初からその処置に取りかかってはいけません。緊急性や重症度が高い胸部外傷、頭部外傷、腹部外傷、脊椎・脊髄の外傷、顔面外傷などがないか、確認することが優先されます。

　四肢の外傷で緊急性が高いのは、まさに創からの出血が持続しているときです。このときは意識の確認、呼吸やショックの観察と並行して止血処置を実施します。それ以外では、生命にかかわる外傷がないことを確認してから、観察処置に取りかかります（胸部・腹部外傷の項の図1、3、4参照）。

　それに対して、骨盤骨折は緊急性が高い外傷の1つです。骨盤骨折は大量出血の原因となり、また、骨盤内臓器の損傷を伴うことが少なくないからです。

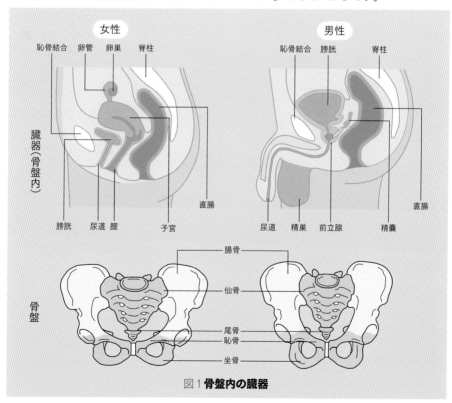

図1 **骨盤内の臓器**

2 骨盤骨折

外部から判断しにくい出血

骨盤は左右の寛骨（腸骨、恥骨、坐骨）と仙骨からなり、骨盤内には重要な臓器（膀胱、卵巣、子宮、直腸）が保護されています（図1）。骨盤自体には骨髄がたくさんあり、造血機能として重要な役割を果たしています。血流が豊富であり、骨盤周囲には網目状に血管が走行しています。そのため、重症骨盤骨折では出血量が多くなり、3,000ml を超えることもあります。

出血は、後腹膜腔といって、腹膜外で骨盤周囲から背部に拡大します。この出血は外部からは判断しにくいので、出血が多量になってショック状態が進行してから気づくこともあり、場合によっては手遅れになることもあります。

また、膀胱や尿道、直腸の損傷を伴うこともあり、これらの臓器損傷は、治療に長期間を要することが多くなります。

骨盤骨折を疑う

骨盤を形成している骨は強靭な靭帯によって結合されており、軽微な外力では大出血を伴うような重症骨盤骨折は発生しません。乗馬競技での落馬、モータースポーツ、山岳競技での滑落など、大きな外力が加わったときに疑います（図2）。

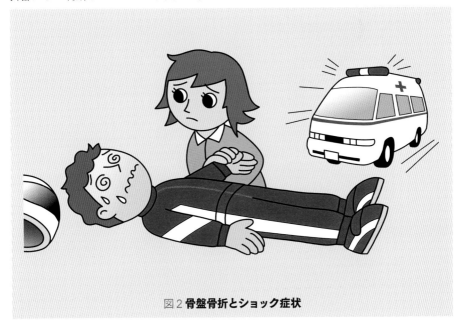

図2 **骨盤骨折とショック症状**

最初に近づいて反応を確認したあとに、ショック状態の有無を観察しますが、そのときにショック症状（胸部・腹部外傷の項の表1参照）を認めたならば、骨盤骨折も疑って対応します。特に、外出血がないのにショック症状を認めるときは要注意です。また、腰部や臀部、股関節周辺に痛みを訴えるときも、骨盤骨折を疑う必要があります。

観察

ショック症状は重要なポイントですが、ほかに外部からの観察としては、下肢の長さに差がないか観察します。骨盤が骨折し

ている側では、筋肉に下肢が引っ張られ、骨折部に大腿骨が入り込むため、長さが短縮することがあります。明らかな痛みの存在、外出血がないのにショック状態である、あるいは下肢長に差がある、このようなときはこれ以上の観察をしなくても"骨盤骨折あり"として対応します。

こういった所見がないときは、左右の腸骨を外側から内側へ優しく圧迫してみます（図3）。痛みを感じたり、骨が動揺するような感じがしたりするなら"骨折あり"として対応します。もし骨折しているときに圧迫を繰り返すと、出血が増加する恐れがありますから、この方法は1回だけにし

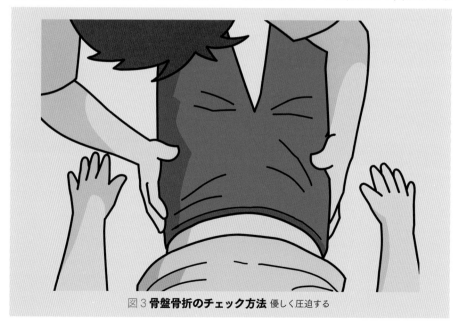

図3 **骨盤骨折のチェック方法** 優しく圧迫する

ます。痛みを感じないときは、さらに恥骨の部分を上から圧迫して、痛みを感じるかを観察します。

　ショック症状がない、自発痛がない、さらに圧迫しても痛みがないときは、"骨折を疑う所見なし"としてよいでしょう。

対応

　骨盤骨折を疑った場合はすぐに救急車の手配をします。救急車が到着するまでは、その場から動かさないようにします。不用意に動かすことにより、出血が増大する危険があり、二次的に臓器損傷が発生する恐れもあるからです。

　いずれにしても現場でできることは限られていますから、ショック症状がなくても早期に救急要請や救助を依頼すること、骨盤骨折を疑う所見を見落とさないことが大切です。

3 四肢外傷

現場での適切な判断

　四肢外傷で緊急性が高いのは、開放骨折、創からの出血の持続、四肢・手指・足趾の切断、動脈損傷、神経損傷、コンパートメント症候群です。

　いずれもすぐに生命の危険を伴うものではありませんが、機能予後を左右する状態ですから、適切な判断が求められます。生命に関係する外傷がないときには、現場で見落とさないように注意しましょう。

開放骨折

　骨折部に創を伴い、外界に通じているものを開放骨折といいます。開放骨折は、小さな創にとどまるものから、骨が創の外に飛び出してしまうものまでさまざまです。

　応急手当てに関しては1章の創傷処置の項を参照してください。

創からの出血

　創から出血が持続しているときは止血が必要です。持続する出血に対する手当ては、最初の意識の確認や呼吸・循環の観察、ショック症状の観察と同じく、緊急性が高いものです。観察を担当する人は出血に気づいたら、すぐに周囲の人に協力を依頼して止血するように指示します（1章の創傷処置の止血の項を参照）。

四肢・手指・足趾の切断

　スポーツの現場では特殊な場合に限られますが、器具の準備・片付けのときに指が挟まれることもあります。切断創の状況によりますが、再接着手術の可能性があります。切断面の処置は止血処置に従います。

　切断肢（手指、足趾）の保存には注意が必要です。泥や砂などの汚染がひどければ、流水で洗浄して水分を軽く拭ってから保存します。ガーゼに包まずそのままできるだけきれいなビニール袋に入れ、乾燥しないように袋の口を閉じます。常温でも再接着手術までの時間は6時間程度の猶予

はありますが、よい状態で保存するためにできれば冷却します。氷に直接触れてしまうと、組織が凍結してダメになってしまうので、氷を少し入れた冷水を利用して保存します。冷水の中に直接浸けても組織がダメになるので、必ずビニール袋で密閉してから冷水に浸けます（図4）。

　再接着手術は限られた病院でしかできません。病院への搬送は救急車を要請して、病院選びは救急隊にお願いすることになります。

動脈損傷・神経損傷

　筋の損傷だけでも動脈損傷を伴うことは

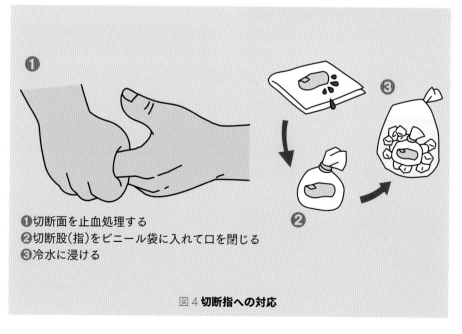

❶切断面を止血処理する
❷切断股（指）をビニール袋に入れて口を閉じる
❸冷水に浸ける

図4 **切断指への対応**

ありますが、多くの場合骨折に伴います。好発する部位は、腋窩動脈、上腕動脈、鎖骨下動脈であり、この部の骨折を疑うときは要注意です。また、上肢の動脈損傷では約75％に、下肢の動脈損傷では約40％に神経損傷を伴います。

動脈損傷を認める場合、緊急に動脈の再建手術が必要なこともあります。これも限られた医療機関での診療が必要になりますから、救急隊に動脈損傷の可能性を伝えます。観察は、動脈損傷を疑う急性阻血症状を参考にしてください（表1）。

創より末梢動脈の脈拍は触れなくなり、皮膚の色は蒼白となります。そして、その部位はびりびりとしたような異常感覚となったり、創とは関係ない痛みが出現したりします。また、運動麻痺を伴うこともあります。

コンパートメント症候群

筋肉の損傷や骨折部位では、出血や循環障害のために腫れが強くなります。筋膜は硬い膜で伸展性がありませんから、筋膜の中の腫れが強くなると、その中の圧が異常に高くなります。筋膜の中には動脈や神経が走行していますから、腫れがひどくなるとこれらが圧迫され、血流障害や神経障害が起こります。これをコンパートメント症候群といいます。筋肉の損傷だけでも起こり、受傷時は症状がなくても時間が経って出ることもあります。

コンパートメント症候群に対しては、緊急で筋膜を切開することが必要になります。遅れると神経麻痺が残ったり、筋肉が壊死したりしますから、症状を見落とさずに病院へ行くことが必要です。

受傷時の適切なRICE処置（安静・冷却・圧迫・挙上）によって予防することは可能ですが、100％予防できるわけではありません。

症状の出現に注意しますが、最も注意すべき症状は痛みの増強です。受傷時に比べて痛みが増強するときは要注意です。また、腫れた部位を少し圧迫するだけでも強い痛みを訴えます。急性阻血の症状も参考になります。

表1 **四肢の急性阻血症状（5P）**

❶脈拍消失：Pulselessness

❷蒼白：Paleness

❸知覚異常：Paresthesia

❹痛み：Pain

❺麻痺：Paralysis

≪10 自然毒

1 基礎知識

運動中の毒素注入

　自然界には人に悪影響を及ぼす毒素をもつものがあります。ふぐや毒キノコのように食して毒素が体内に入り、症状が出現する場合もあり、ハチやヘビなど、体表から毒素が注入される場合もあります。

　ここでは、運動中に外部から毒素が注入されることに関して、症状と対処法を説明します。

2 ハチ

問題となるハチ

　ハチ刺傷で問題になるのはスズメバチ、アシナガバチ、ミツバチなど20種類にも上ります。ハチは外敵を攻撃するために刺します。性格のおとなしいミツバチは、こちらが攻撃姿勢を強めなければ、攻撃することは少ないのですが、スズメバチ（図1）は攻撃性が強く注意が必要です。

毒性と症状

　有害作用は、ハチ毒による直接作用とアレルギー作用とがあります。ハチ毒による直接作用では、痛み、毛細血管透過性亢進、ヒスタミン遊離、組織破壊、神経毒、血管・消化管平滑筋に対する作用などさまざまです。一般的には、局所の症状（痛み、腫脹、発赤、かゆみなど）が数時間から1日程度ですみますが、毒の注入量が多いと全身症状が現れ、重症例では死亡することもあります。

　アレルギー作用ではアナフィラキシー反応が見られ、全身のじんましん、血圧低下、呼吸困難が出現し、重症例では死亡することもあります。アナフィラキシー反応は通常、数分から十数分以内に発現します。

図1 **スズメバチ**

現場での対応

　刺された局所は、アイスパックなどで冷却します。抗ヒスタミンやステロイドの軟膏があれば塗布します。刺された箇所が多いときは全身症状が現れることがありますから、すぐに病院を受診することが必要です。また、スズメバチは直接作用が強いので、病院を受診したほうがよいと思います（表1）。

　ミツバチでは針を刺した部位に残しますが、つまんで取り除こうとすると、針がつぶれて毒素を注入することになりますから、指ではじきとばすようにします。

　アナフィラキシー反応に対しては、医療機関での処置が必要になります。症状が出現してから進行するのが速いので、少しでも症状が出始めたら、すぐに救急車を呼ぶべきです。皮膚のじんましん症状は高率に現れる症状で、外から観察しやすいので、

ハチにさされたあとの十数分間は皮膚の状況を十分に観察します。特にお腹など軟らかい部分に出現することが多いので、着衣の中も観察します。

　過去に1度刺された経験がある人は、アナフィラキシー反応を起こしやすいといわれています。また、反応の出現も速いとされています。こういった場合、山岳スポーツなどでは病院受診が間に合わないこともあります。アナフィラキシー反応には、アドレナリンが第1選択の治療薬になります。現在は、患者自身が使用可能なアドレナリン注射薬（エピペン）を、あらかじめ処方してもらうことができます。

　ハチに刺された経験がある人、山に入るなどハチに刺されるリスクが高い人などは、あらかじめ処方をお願いしておいたほうがよいでしょう（図2）。

表1 ハチに刺されたときの対応

❶局所の冷却

❷抗ヒスタミン・ステロイド軟膏

❸多数刺されたとき・アナフィラキシー症状
➡至急病院へ

❹過去に経験ある人
➡エピペン持参

❺スズメバチ
➡病院受診

アナフィラキシー反応にはエピペンを使用する
図2 ハチに刺されたときの対応例

3 毒ヘビ

毒をもつ日本のヘビ4種

　毒をもったヘビは、日本ではマムシ、ヤマカガシ、ハブ、ウミヘビなどがあります（図3）。過去に咬まれたことがある人は、アナフィラキシーショックを起こすことがあるため、エピペンを携帯することをお勧めします。

マムシ

　マムシは、琉球列島を除く日本全土に棲息しており、春から秋にかけて活動しています。体長は45〜60cm程度、胴は太めで色はさまざまですが、典型的なものは灰褐色から暗褐色です。背中に銭形の斑紋があり、頭は三角形をしています。上あごの先端部に2本の長い毒牙があり、これで咬むことによって毒が注入されます。マムシは自分から攻撃することはなく、人がかまったりすると攻撃してきます。存在に気づかず、近くを歩いたり、踏みつけたりしたときに咬まれることが多いようです。

　咬まれたところには、通常1対の牙の跡（2カ所の創）が残ります。症状は激し

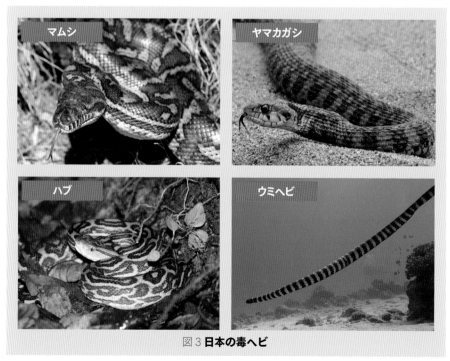

図3 **日本の毒ヘビ**

い痛み、出血、腫れ、皮下出血が見られます。重症例では、ショック症状、意識障害、嘔吐・下痢などの消化器症状が見られます。

　現場での応急手当ては限られています（図4）。以前は毒が全身に回らないようにするため、咬まれた部位より心臓に近い部分をしばることが勧められていましたが、その効果は実証されておらず、むしろ阻血や神経損傷など有害なことがあるので行ってはいけません。また、咬まれた部位から毒素を吸引するようにいわれていましたが、これも効果はなく、むしろ局所の障害

が強くなるので、現在では禁じられています。流水で洗浄することは効果があると思われます。

　たとえ咬まれたヘビが無毒のヘビだとしても、雑菌による感染の危険がありますから、病院を受診することは必要です。つま

表2 ヘビに咬まれたときの対応

❶創の洗浄
❷局所の冷却
❸毒ヘビと確認できたら➡至急大きな病院へ
❹無毒のヘビでも➡病院受診

やってはいけないこと！ ➡毒を吸引、しぼり出すこと

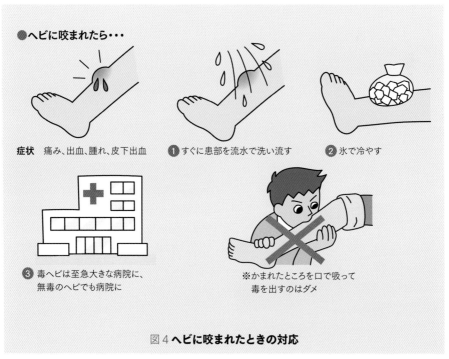

●ヘビに咬まれたら・・・

症状　痛み、出血、腫れ、皮下出血

❶ すぐに患部を流水で洗い流す

❷ 氷で冷やす

❸ 毒ヘビは至急大きな病院に、無毒のヘビでも病院に

※かまれたところを口で吸って毒を出すのはダメ

図4 ヘビに咬まれたときの対応

り、現場での判断、処置の内容については、ヘビの種類には関係なく、受傷後すぐに洗浄、その後病院を受診するということです。アイスパックなどで冷却することは、局所の炎症を抑える効果があります。受診する医療機関は、救命センターなど高度医療が可能な病院です。

ハブ

ハブは奄美諸島と沖縄諸島の島々に棲息しています。活動するのは主に4〜11月ですが、冬季も暖かい日は活動します。体長は1〜2mで、頭は大きく三角形をしています。背面は黄色〜灰褐色で、不規則な斑紋があります。マムシと同様に上あごの先端に2本の毒牙があります。ハブは攻撃性が強いので注意が必要です。

咬まれたところには通常1対の牙の跡（2カ所の創）が残ります。症状としては激しい痛み、出血、腫れ、皮下出血が見られます。重症例では意識障害やショック症状が出現します。

現場での応急手当ては、マムシと同様に限られており、洗浄と冷却です。いずれにしても、すぐに救命センターなどの医療機関を受診することが必要です。

ヤマカガシ

ヤマカガシは、本州・四国・九州に広く棲息し、特に水田周辺に現れます。体長は60〜120cmで、体色はさまざまです。攻撃性は少なく、近づいただけで咬むことはありませんが、捕まえようとすると咬みます。

ハブやマムシに毒牙があるのに対し、ヤマカガシには毒牙がなく、上あごの奥にナイフ状の牙があります。深く咬まれるとこの牙で皮膚に創がつき、毒腺からの毒がしみ込んで症状が出現します。前歯だけで咬まれることが多く、この場合は毒が侵入しないので軽症ですみますが、毒が侵入すると重症となります。

初期の症状は出血、腫れ、痛みで、4〜30時間後に全身の出血傾向が見られます。血液の凝固異常や急性腎不全を起こし死亡することもあります。

現場での応急手当てはほかのヘビと同様で、洗浄と冷却です。すぐに救命センターなどの医療機関を受診する必要があります。

ウミヘビ

ウミヘビは熱帯から亜熱帯の海に棲息します。毒牙を持っており、神経毒を注入されると筋肉痛や脱力、運動麻痺、呼吸困難の症状が見られます。呼吸筋麻痺で死亡することもあるため、すぐに救命センター等を受診する必要があります。

4 魚刺傷、毒クラゲ

毒棘をもつ魚

200以上の魚が毒棘を持っています。毒の成分について十分には解明されていませんが、共通する性質として、致死的成分や痛み物質は非常に不安定で、熱によって急速に分解することがわかっています。

刺されると直後に痛みが出現し、腫れとしびれを伴います。重症例では嘔吐、下痢、腹痛、呼吸困難やショック症状などの全身症状が見られます。

現場での応急手当ては、刺された部位を洗浄し、棘が残っている場合は除去します。その後、お湯（やけどに注意、45℃以下）

に30〜90間分浸します。痛みや腫れが改善しなければ医療機関を受診します。また、全身症状が見られる場合も医療機関受診が必要です（表3）。

毒クラゲ

クラゲにも毒をもつものがあります。種類は限られますが、カツオノエボシ、キタカギノテクラゲ、ボウズニラ、アンドンクラゲなどは毒性が強いとされています。軽症では局所の痛みと全身脱力感程度の症状ですが、全身のしびれや呼吸困難、嘔吐など、全身性に重症化することもあります。

現場での対応は、局所症状のみでは、①刺傷部を海水で洗浄（真水や温湯は使用しない、刺傷部はこすらない）、②残存する触手はゴム手袋をして取り除く、③幹部を冷却する、以上の処置を実施し、帰宅後、皮膚科を受診します。全身症状があるときは救急車を手配して病院を受診します。

表3 **毒棘をもつ魚に刺されたときの対応**

❶創部の洗浄
❷棘の除去
❸お湯（45℃以下）に30〜90分間浸す
❹症状が持続、全身症状の出現➡病院受診

●**魚の毒棘に刺されたら・・・**

症状　痛み、腫れ、しびれ

❶ 患部を流水で洗い流し、棘を取る

❷ お湯（45℃以下）に30〜90分間つける

図5 **魚の毒棘に刺されたときの対応**

≪11 減圧障害（潜水病）

1 基礎知識

減圧症と動脈ガス塞栓症

減圧障害は潜水病とも呼ばれ、圧縮空気を吸入して潜水を行う際、潜水中の高圧の環境から常圧の地上に戻るとき、急激な圧の低下によって発生します。急速な減圧によって体液中に溶解していた窒素の気泡が発生することによる減圧症と、減圧中に息こらえをすることによって生じた肺の圧外傷に起因する動脈ガス塞栓症とに分類されます。

2 発生機序

減圧との関係

スキューバダイビングでは、高圧の空気を吸入して潜水します。10mの潜水で約1気圧増加しますから、潜水中は気圧が高くなり、吸入した空気の窒素分圧も上昇し、圧に比例して組織や血液に溶存する窒素の量が増加します。次に、潜水から浮上して常圧に戻るときには、組織や血液に溶存していた窒素が徐々に呼気中に排出され

ます。しかし、常圧に戻る時間が短すぎると、溶存した窒素が呼気で排出されるのが間に合わず、組織や血液中で気体となってしまい、減圧症の症状が出現します（図1）。

潜水中の高圧の環境から浮上して常圧に戻るときは、呼吸をしながら浮上しなければなりません。もし、呼吸を止めたまま浮上すると、肺内のガスが膨張して、やがて肺胞が破裂することになります。肺胞が破裂すると肺静脈内にガスが混入し、左心室

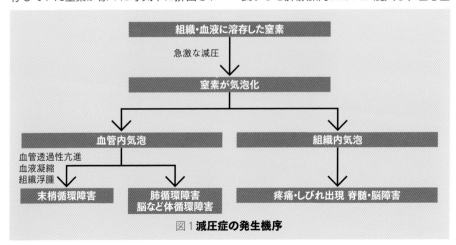

図1 減圧症の発生機序

から体全体に循環してしまいます。これが動脈ガス塞栓症です。緊張や恐怖で呼吸を止めたまま急浮上してしまったときなどに発症します。

3 症状

呼吸困難の恐れ

減圧症では、腱鞘・靱帯・関節腔・関節周囲・末梢神経に気泡が発生して、痛みやしびれといった症状が出現します。脊髄や脳に発生すると麻痺や意識障害が起こります。肺動脈に気泡が入り込むと肺循環障害から呼吸不全に至ります。耳では中耳と周囲との圧平衡が保てず、中耳の障害が起こり、重度な内耳障害に至ることもあります。Ⅰ型は比較的軽症で、Ⅱ型はより重症となります。症状は浮上後数時間以内に現れます（表1）。

動脈ガス塞栓症では症状は水面へ浮上直後に現れ、臓器の循環障害を起こして、意識障害やショック、呼吸困難などが見られ、重症例では心肺停止に至ります。

重症度の判断

意識障害、けいれん、呼吸困難、ショック症状があれば、重症度・緊急度が高いと判断します。潜水時間が長く、潜水深度が大きいほど、また症状出現までの時間が短いほど、危険度が高まります。

表1 減圧障害の病型と症状

病型		症状及び所見
Ⅰ型減圧症	皮膚型	かゆみ、紅斑、丘疹、出血斑、浮腫
	四肢型	関節痛、筋肉痛、しびれ、知覚異常
Ⅱ型減圧症	呼吸循環型	呼吸困難、チアノーゼ、咳嗽（がいそう）、胸痛、血性痰、喘鳴、ショック、心肺停止
	中枢神経型	頭痛、けいれん、意識障害、運動麻痺、知覚障害、視力視野障害、失語症、振戦
	脊髄型	腰背部痛、四肢麻痺、知覚異常、排尿障害
	内耳型	めまい、耳鳴り、聴力障害、嘔吐、起立困難
動脈ガス塞栓症		意識障害、呼吸困難、喀血、チアノーゼ、ショック、腹痛、心肺停止

4 現場での対応

携帯用酸素ボンベを準備

　軽症であっても、病院への搬送が必要になります。治療には高気圧酸素療法が実施できる医療機関が望ましいのですが、設備を所有する医療機関は多くありません。そのため、遠方への搬送を要することが少なくありません。したがって、ヘリコプターによる搬送を考慮することもあります。

　意識がはっきりしている軽症例では、脱水の改善を目的としてスポーツドリンクなどを飲ませます（図2、3）。意識がなければ、回復体位や頭部後屈あご先挙上法などで気道を確保して、救急隊の到着を待ちます。窒素の洗い出しと酸素化のために、できれば酸素吸入をしたいので、こういった際に

は携帯用酸素ボンベを準備しておくとよいでしょう。心肺停止状態では、通常通り心肺蘇生法を実施します。

　現場でできることは限られていますから、危険因子を理解し、予防を心がけるべきです（表2、3）。

　海外や沖縄などでスキューバダイビングをして、直ちに航空機に乗って移動するには注意が必要です。航空機での圧の変化が影響して、減圧障害を発症する恐れがあります。飛行機には潜水後24時間以上あけてから搭乗するようにしましょう。また、伊豆で潜水した直後に箱根（標高800m）へ移動するような行動も危険です。

表2 減圧障害の危険因子

❶寝不足・疲労・ストレス
❷脱水
❸潜水前の飲酒
❹肥満
❺高齢
❻繰り返しの潜水
❼潜水前・中・後の運動過多
❽低温下
❾潜水後のフライト
❿潜水後の高地への移動
⓫高地での潜水

表3 減圧症のリスクを減らす方法

❶30m以上の潜水をしない
❷1日3回以上の潜水をしない
❸潜水直後の重作業を避ける
❹潜水前中の飲酒を避ける
❺潜水直後に航空機に乗らない
❻潜水直後に高地へ移動しない

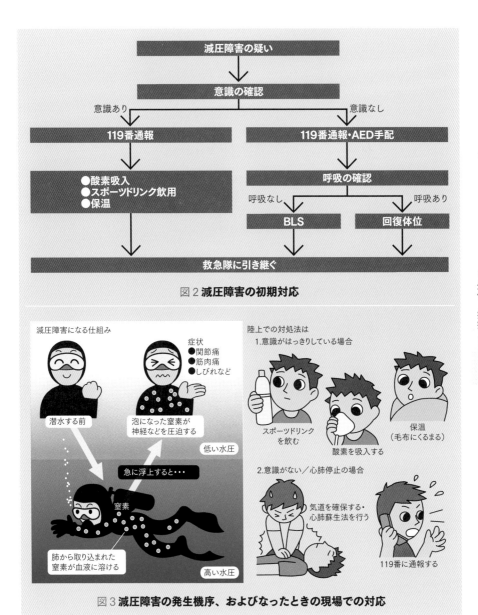

図2 減圧障害の初期対応

減圧障害の疑い

↓

意識の確認

意識あり → 119番通報

意識なし → 119番通報・AED手配

119番通報
↓
●酸素吸入
●スポーツドリンク飲用
●保温

119番通報・AED手配
↓
呼吸の確認
呼吸なし → BLS
呼吸あり → 回復体位

救急隊に引き継ぐ

減圧障害になる仕組み

潜水する前

症状
●関節痛
●筋肉痛
●しびれなど

泡になった窒素が
神経などを圧迫する

低い水圧

急に浮上すると・・・

窒素

肺から取り込まれた
窒素が血液に溶ける

高い水圧

陸上での対処法は
1.意識がはっきりしている場合

スポーツドリンク
を飲む

酸素を吸入する

保温
（毛布にくるまる）

2.意識がない／心肺停止の場合

気道を確保する・
心肺蘇生法を行う

119番に通報する

図3 減圧障害の発生機序、およびなったときの現場での対応

≪12 高山病

1 基礎知識

高地と酸素不足

　酸素は、主に血液中のヘモグロビン（赤血球中の大部分を占める血色素）と結合して運ばれます。ヘモグロビンが酸素と結合している割合を酸素飽和度といいますが、動脈血の酸素飽和度は、健康な若い人では98〜99％くらいになります。つまり、ヘモグロビンのほぼすべてが酸素と結合しており、酸素を十分に含んでいることになります。

　酸素飽和度は吸い込む空気の酸素分圧によって変化します。空気中の酸素濃度は約21％で、平地の気圧は1気圧ですから、酸素の分圧は0.21気圧になります。酸素分圧0.21気圧のとき、ヘモグロビンのほとんどは酸素と結合しているわけです。ところが、3,000mの高地では、酸素濃度は21％で変わりませんが、気圧は平地の2/3に減少します。その結果、酸素分圧は$0.21 \times 2/3 = 0.14$気圧になってしまいます。このときの酸素飽和度は約90％で、このくらいまでの酸素分圧の低下では、酸素飽和度の低下はわずかです。ところが、これ以下に酸素分圧が低下すると、酸素飽和度は急激に低下します。そのため血液中の酸素量が不足して、低酸素血症による症状が強くなります。

　このように、登山などで高地へ移動すると気圧が低下し、低酸素血症をきたします。これに対して、体の中ではさまざまな反応によって、低酸素による症状を防止しようとします。この反応を順化といいますが、急激な高度の上昇などで順化がうまく行われなかった場合には、種々の症状が出現します。これを急性高山病といいます。悪化すれば、高地脳浮腫や高地肺水腫となります。

2 危険な高度は？

不感域、代償域、障害域、危険域

　高度3,000mまでは不感域と呼ばれ、健康な人ではほとんど影響はありません。ただし、平地から飛行機で一気に高地に行くような急激な上昇では、2,500m程度でも急性高山病をきたすこともあります。

　高度3,000〜4,000mは代償域と呼ばれ、順化が適切に行われれば短時間の滞在では症状はでません。高度4,500〜6,000mは障害域と呼ばれ、訓練された者でなければ低酸素症状が見られ、順化した場合も長期の滞在は困難となります。高度6,000m以上は危険域で、高度に順化した者でも、数日以上の無酸素での滞在は困難になります。

3 発生機序と症状

低酸素状態と過換気

　低酸素状態は脳の呼吸中枢を刺激するため、過換気状態になります。この過換気(呼吸が深くかつ速くなること)により呼吸性アルカローシスとなります。そして、低酸素血症によって脳の血管が拡張します。また、水や電解質を調節するホルモンに異常をきたし、尿量が減少します。その結果、血管内の血漿成分が周囲に漏れ出て、軽い脳浮腫が生じ、頭痛、倦怠感、悪心、食思不振などの症状が出現します。これが急性高山病(山酔い)といわれる状態です。順化等により改善しないと脳浮腫が悪化し頭蓋内圧が亢進します。すると、頭痛などの症状が増強し、さらに意識障害や運動失調など重篤な症状が出現して、高地脳浮腫といわれる状態になります。急性高山病と高地脳浮腫は境目がはっきりしないため、症状の軽いうちに対処することが大切です。

　また、低酸素血症のため肺動脈が収縮して肺動脈圧が上昇すると、毛細血管から血漿成分が漏出して肺水腫をきたします。呼吸困難、喘鳴、咳嗽、ピンクの泡沫状痰などの症状が見られる場合は、高地肺水腫の状態といえます(表1)。網膜に出血することもあり、高地網膜出血と呼ばれます。

2,500mからでも発症

　急性高山病は、標高2,500m以上の高地に短時間で登ったときに約25%の人に発症します。3,500m以上へ短時間で登ったときはほとんどの人に発症します。高地に到着後6～12時間で症状があらわれ、2～3日でピークを迎えます。低地に移動することで症状が改善します。軽症の場合は休息して順化を待ち、5日ほどで回復するため、登山を続けることも可能です。症状が続く場合は下山して治療を受けることが必要になります。

　体調や順化の問題で症状が回復せず、高地脳浮腫や高地肺水腫に悪化していくことがあり、多くの場合は高地到着から2～4日後に急性高山病に引き続き発症します。

表1 **高山病の分類と症状、対応**

	症状	対応
急性高山病	頭痛、嘔気、嘔吐、倦怠感 食思不振、不眠、下痢、発熱	水分補給、休息、低地への移動 順化により登山継続可能
高地脳浮腫	強い頭痛、嘔吐、運動失調、 尿失禁、異常行動、言語障害、 幻覚、意識障害	水分補給、酸素投与 すみやかに低地へ移動
高地肺水腫	呼吸困難、喘鳴、咳嗽、血痰 泡沫状痰、悪寒戦慄、頻脈、発熱	保温、座位の姿勢、酸素投与 すみやかに低地へ移動

しかし、突然重篤な症状で発症することもありますから注意が必要です。異変を感じたらすみやかに低地へ移動して、専門的治療を受けてください（図1）。

4 現場での対応

順化を待つか、下山するか

急性高山病では、休息によって症状が改善することもあります。症状が軽い場合は、高度を上げずにその場で順化を待ち、症状が消失すれば登山を続けることも可能です。症状が改善しなければ無理は禁物ですから、すみやかに低地へ移動します。

脱水を伴うことも多いので、水分補給を心がけます。頭痛に対しては、アスピリンやアセトアミノフェン（カロナールなど）が効果的です。

酸素吸入は症状改善には有効ですが、順化に対しては妨げとなります。症状が軽く休息することによって順化を待つ場合は、酸素吸入は避けたほうがよいということです。

高地脳浮腫と救助

症状が持続したり、悪化したりするときは、高地脳浮腫への進行を考えなければな

●急性高山病の症状
　頭痛、吐き気、倦怠感、不眠、下痢、発熱

●高地脳浮腫の症状
　激しい頭痛、意識障害、うまく動けない、幻覚

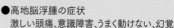

●急性高山病の対応
　水分補給、休息、しばらく滞在して順化

●高地脳浮腫、高知肺水腫の対応
　水分補給、酸素吸入、下山
　呼吸困難や意識障害がある場合には救助を依頼

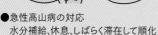

図1 高山病の症状と対応

りません。下山して治療を受けることが必要になります。意識がはっきりしていれば水分補給と保温を心がけ、下山の計画を立てます。症状が強く自力での移動が困難であれば、早めに救助を依頼すべきです。携帯用酸素があれば、救助を待つ間に酸素吸入をします。

　呼吸困難、喘鳴など呼吸器症状が強いときは、高地肺水腫を疑い座位の姿勢として支えるようにします（図2）。また、できれば酸素吸入をして、保温します。意識障害や呼吸器症状があるときは救急搬送が必要ですから、至急救助を依頼しなければなりません。

5 予防

十分な対策を立てる

　現場で対応できることは限られています。また、救助の依頼から実際の救助までに時間を要することもあります。ですから登山では無理をせず、予防を心がけることが大切です（表2）。登山速度が速いこと、運動負荷の程度、寒冷・紫外線・乾燥の程度が強いことは、高山病発症のリスクを高めます。余裕のある日程、環境への対策が予防の第一歩になります。

　飲酒、喫煙は避け、十分な水分補給と休養を心がけます。高地到着直後の睡眠や睡眠薬の服用は、呼吸抑制が起こり順化を妨げますから、避けたほうがようでしょう。アセタゾラミドやデキサゾンは高山病のリスクを減らす可能性があります。ドーピングの問題や副作用もありますから、スポーツドクターなどに相談してください。

図2 **呼吸困難や喘鳴がある場合の姿勢**

表2 **高山病の予防**

❶禁酒、禁煙
❷水分補給
❸ゆっくり登山
❹紫外線防止
❺寒冷対策
❻十分な休養

≪13 溺水

1 基礎知識

溺水とは

人の身体全体や口・鼻といった空気の吸い込み口が液体に浸かって呼吸器機能が障害された状態および、その過程を溺水といいます。溺水による死亡事故の多くは浴槽で発生しており、高齢者に多いのですが、水難事故では子どもに多く見られます。

溺水の症状は、速やかに救助されまったく症状がないもの、液体が肺胞内に流入して咳が出る程度のもの、流入量が多く肺水腫や無気肺を起こして呼吸不全を伴うもの、ショック状態から心停止に至るものまで様々です。

湿性溺水と乾性溺水

湿性溺水とは、液体が肺胞に流入することにより呼吸機能が障害され、特に肺胞でガス交換ができなくなるものです。溺水の80〜90％は湿性溺水です。

乾性溺水とは液体が気道に流入する刺激によって、反射的に声門が閉じたり喉頭が痙攣したりして呼吸ができなくなるものです。この場合は肺胞に液体は流入しておらず、気道が閉塞することによる窒息となります。

そのほかに、湿性溺水の程度が軽く一旦症状が改善した後、数日後に呼吸状態が悪化する場合があります。流入した液体による感染や化学的炎症によるものです。また、冷水に浸かった刺激で高度徐脈（1分間の脈拍数極端に少ない）や致死性不整脈から意識障害を起こしたり、心停止したりすることもあります。

2 予後を決める因子

低酸素、アシドーシス状態

溺水の場合、心臓に原因がある突然の心臓停止とは異なります。心臓に原因がある突然の心臓停止では、心臓が停止する直前まで呼吸も行われており、血液も十分体に

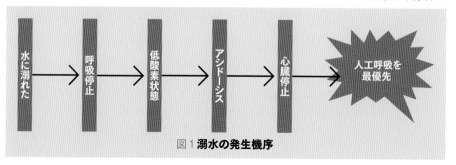

図1 溺水の発生機序

流れています。ですから、心臓が停止したときに血液の中には酸素が十分に含まれていますし、組織もすぐには低酸素状態にはなっていません。

ところが溺水では、呼吸ができていないので、心臓が止まる前に血液中の酸素含量が低下し低酸素状態になります。その結果、組織は酸素が不足し、アシドーシス（乳酸が蓄積する）になってしまいます。低酸素状態とアシドーシスが進行して、その結果、心臓が停止しますから、心臓が停止したときには著明な低酸素とアシドーシスの状態になっています（図1）。

AEDより人工呼吸を優先

したがって、こういった心臓停止に対して心肺蘇生を行う場合、一刻も早く人工呼吸を開始することが重要になります。心臓に原因がある突然の心臓停止ではAEDに

よる電気ショックが優先され、人工呼吸を省略してもよいとされているのとは大きく異なります。人工呼吸によって組織を酸素化しなければ、心拍を再開させることは困難なのです。

つまり、水没時間が長くなれば低酸素とアシドーシスの程度が悪化しますから、当然予後は悪くなります。低酸素の持続時間も関係しますから、いかに早く人工呼吸を開始するかも、予後を左右します。

また、溺水の場合、水温が低ければ低体温を伴うこともあります。低体温の場合、心肺蘇生によって心拍が再開することは難しいのですが、低体温により脳は保護されますから、長時間の心肺停止でも脳機能が障害されないこともあり、あきらめずに心肺蘇生を続けながら医療機関へ搬送することも大切です。小児は、大人に比べ予後は良好といわれています。

3 救助

救助を依頼し、浮き袋を投げる

一刻も早く呼吸を再開させることが予後を左右しますから、できるだけ早く救助することは当たり前なのですが、二次災害の防止も大切です。水中からの救助は特殊な技能を必要とします。訓練を受けた人でなければ、水中に入っての救助活動はするべ

きではありません。一般の人が救助中に事故に巻き込まれるケースは、毎年数多く報道されています。

事故に気づいたらすぐに119番通報とライフセーバーなどに連絡して、救助とAEDを依頼します。同時に救助を心がけますが、まさに溺れかかっている人に対しては、浮き袋の代わりになる物を放ります。

もちろん浮き輪などがあればそれがよいのですが、ほかには、クーラーボックス、ペットボトル、バッグなど、水に浮きそうな物ならなんでもかまいません（図2）。ロープのようなものがあれば、それを投げてもよいでしょう。

素人の水中での救助活動は禁止

どんなに泳ぎに自信があっても、救助のために単独で水中に入るのは危険です。溺れかかっている人にしがみつかれて、一緒に溺れる危険があります。救助者が多数いて、自身を命綱などで繋いでいれば救助も可能ですが、そうでなければ危険は冒すべきではありません。

川などの浅瀬であっても、思わぬ深みや流れの変化があり、救助中に溺れることもあります。こういったときも単独で川に入ることはせず、救助用具を投げる方法をとります。命綱で固定して救助に向かうときも、川岸でのほかの救助者の協力が必要です。いずれにしても、単独行動は慎むべきです。

水没時間が25分を超えると予後は不良です。水没を確認してから25分以上経過して発見した場合には、通常は意識がない状態です。それに対して、救助の訓練を受けていない者が危険を冒して水中での救助活動を試みるべきではありません（図3）。

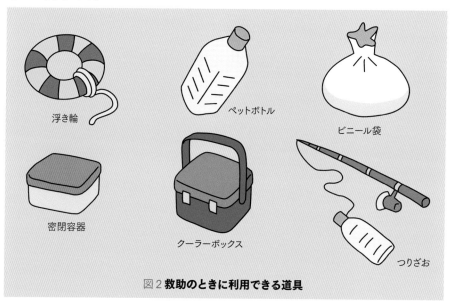

浮き輪

ペットボトル

ビニール袋

密閉容器

クーラーボックス

つりざお

図2 救助のときに利用できる道具

溺れている人を見つけたら・・

●できること

① **電話で119番に通報する**
（ライフセーバーに連絡する）
目を離さないようにして、救助を依頼する

② **声をかけて励ます・指示する**
慌てたときには頭の中が真っ白なので、声をかける

③ **浮く物を投げて渡す**
声をかけ、目が合ってから浮く物を投げる

●やっては危険なこと
泳いで助けに行ってはダメ！

水の中に入って救助することは、
一緒に溺れる危険があるので絶対にしない

図3 溺れている人を見つけたときの対応

4 応急手当て

陸であお向けに寝かせる

陸に引き上げたら、なるべく平らなところにあお向けで寝かせます（図5）。

気道に入った水を排出するための、腹部圧迫や腹部突き上げは行いません。気道に入った水はすぐに吸収されてしまい、排出させることはできません。また、気道内に水を吸入していない乾性溺水のこともあります。腹部圧迫や腹部突き上げに合併する臓器損傷の可能性がありますから、意味の

ないことは実施してはいけません。

胃の中に飲み込んだ水は嘔吐する可能性があります。嘔吐したら横向きにして、吐き出させますが、呼吸がある場合は回復体位にして、誤嚥を防止します。

以前は、溺水事故の際は頸椎損傷の可能性があるので、必ず頸椎を保護することを推奨していました。現在は飛込みなど、明らかに頸椎損傷が疑われるときのみ保護を実施し、そうでないときは必ずしも頸椎保護はしなくてもよいとされています。

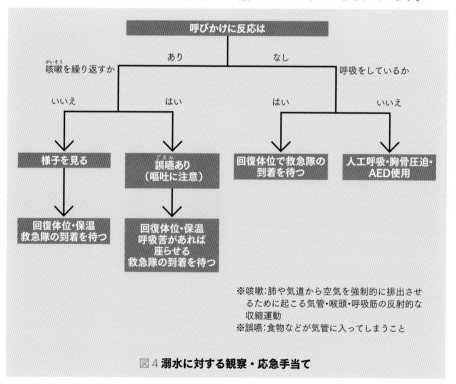

図4 溺水に対する観察・応急手当て

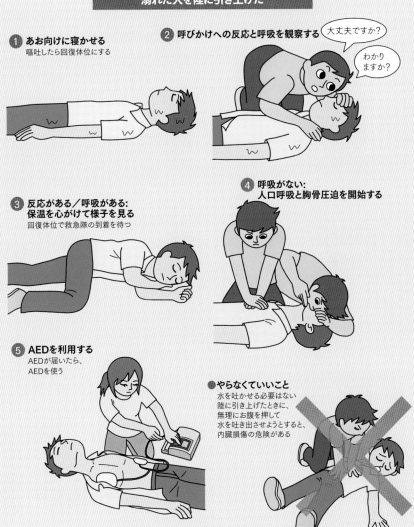

図5 溺れた人を陸に引き上げたあとの対応

呼びかけに反応があるか

　まず、呼びかけに反応があるかどうかを観察します（図4）。反応があれば咳き込みなど、呼吸状態を観察します。咳やむせること、息苦しさがなく、落ち着いた呼吸であれば、保温を心がけてその場で回復体位にして救急隊の到着を待ちます。咳き込みや息苦しさがあれば嘔吐や誤嚥の可能性があるので回復体位にしますが、意識があり呼吸苦が強ければ座らせるのも良い方法です。

呼吸をしているか

　呼びかけに反応がなければ、呼吸をしているか観察します。呼吸が感じられる場合は回復体位にして、救急隊の到着を待ちます。この間も繰り返し呼びかけに対する反応、呼吸の観察を継続し、保温を心がけます。

　嘔吐した場合は誤嚥に注意しますが、食物残渣（口の中や胃などにある食べかす）など固形物を嘔吐したときは、噛まれないように注意しながら、嘔吐物を指でかき出します。

必ず人工呼吸を実施

　呼吸が感じられない場合は、すぐに人工呼吸と胸骨圧迫を開始します。溺水の場合は必ず人工呼吸も実施してください。

5 水中での突然の心臓停止

水中での突然の心臓停止

　プールで泳いでいるとき、急に動かなくなって発見される人がいます。これも溺水？　ちょっと待ってください。プールでは目撃者もたくさんいますから、なんらかの理由、例えば足がつったとか、息継ぎで水を吸い込んでしまったとかで溺れそうになれば、異変に誰かが気づくはずです。そういうことがなく、突然動かなくなっているのを発見されたなら、それは溺水ではないでしょう。突然の心臓停止を考えるべきです。中高年では虚血性心疾患による心室細動が、若年者ではQT延長症候群や心筋症などによる心室細動の可能性が高いと思います。また冷水の刺激による反射性の不整脈かもしれません。したがって、このようなときは、CPR優先ではなく、電気ショック優先の通常の手順をとります。

14 ぜんそく・アレルギー

1 基礎知識

ぜんそくとアナフィラキシー

気管支喘息は、気管支平滑筋の攣縮（れんしゅく）、気管支粘膜の浮腫、気管支分泌物の増加によって気管支狭窄が起こり、咳や喘鳴、呼吸困難を起こす病気です。アトピー型と非アトピー型があり、小児ではほとんどがアトピー型でⅠ型アレルギー（後述）が関与しています。成人では非アトピー型が多くみられます。基礎に気管支の慢性炎症と気管支過敏性が存在します。アトピー型では先天的な素因にアレルゲンの作用が加わって症状が出現します。アレルゲンとしてはダニやハウスダストが多いようです。発症の誘因としては、気候の変化、寒冷刺激、感冒、精神的ストレス、大気汚染物質や食品添加物などあります。運動により誘発されることがあり、これを運動誘発性気管支喘息といいます。非アトピー型では発症要因がよく分かっていない部分も多いようです。

アナフィラキシーは全身性のアレルギー疾患で、Ⅰ型アレルギーによって発症します。体内に異物が侵入すると、それが抗原（アレルゲン：抗原として働くには分子量や組成など条件が整う必要がある）となり、体内に抗体を作ります。抗体は次に同じ異物が侵入してきたときに、異物を排除するような働きをします。これは免疫反応といって、身体の防御機構の1つです。ところが、免疫反応が過剰になって、身体に有害な反応が現われることがあります。これをアレルギーといいます。このうち、IgEという抗体が関係する即時型アレルギーをⅠ型アレルギーといい、全身性のアレルギー反応であるアナフィラキシーを引き起こします。

血管透過性が亢進することによる血管性浮腫や、気管支・消化管の平滑筋のけいれんによって、全身性に症状が現れます。じんましんはほとんどの人にみられる症状で、そのほかにはぜんそく様の呼吸困難や喉頭浮腫による気道狭窄、血圧低下、嘔吐・下痢などの消化器症状があります。血圧低下によるショックや呼吸困難、気道狭窄は重症で、死亡にいたることもあります。

アナフィラキシーも運動に誘発されるものがあり、気管支喘息とならび現場での応急処置や予防が必要になる疾患です。

2 気管支ぜんそくを誘発しやすいスポーツ

長距離走、自転車競技

運動中は呼吸回数、1回換気量とも増大し、安静時の1分間の換気量が6ℓ前後なのに対して、最大180ℓにもなります。また、長時間運動を続けることによって、

継続して換気量が増大します。そうすると、アレルゲンや大気中の汚染物質を多量に吸い込むことになり、気管支ぜんそくを誘発しやすくなります。

したがって、長距離走や自転車競技の選手は特に気管支ぜんそくに罹患することが多くなります（表1）。

クロスカントリースキー、スケート

また、寒冷や乾燥も誘発する因子になりますから、クロスカントリースキーなどでは、大気中のアレルゲンや汚染物質に加え、乾燥した冷たい空気も影響します。スキーのワックスに含まれる物質も影響している

という報告もあります。

スケート競技では、寒冷・乾燥に加え、氷の表面を平らにする整氷機の排気ガスによる空気汚染も影響します。

水泳

水泳は室温、湿度が高い環境で行われるため、比較的頻度が低い競技とされています。

ただし、スイミングプールには消毒のため塩素が使用されており、水面近くに気化した塩素の影響や、息継ぎの際に水を気管内に誤嚥することなどにより、気管支ぜんそくが誘発されることもあります。

3 運動誘発性気管支ぜんそくの予防と対応

運動の方法、競技の選び方

運動の方法を工夫することによってある程度、予防効果が期待できます。例えば、急に激しい運動をせず、低強度の運動から徐々に開始する、高強度の運動を継続せずインターバルトレーニングとする、クールダウンをする、などです。レクリエーションスポーツを楽しむのであれば、寒い日を避ける、空気のきれいな場所でする、誘発しにくい競技を選ぶ、などの工夫をするのもよいでしょう。

薬を使用する方法

薬を使用する方法には、β2吸入薬と吸入ステロイド薬があります。短時間作用型のβ2吸入薬（サルブタモール）を、運動の10～15分前に吸入するのが一般的です。

運動誘発性気管支ぜんそくの90%に有効で、効果は3～4時間持続します。症状出現時は治療にも使用できます。ただし、頻回に使用すると予防効果が減弱するといわれていますから、普段から吸入ステロイド薬に、長時間作用型のβ2吸入薬（サ

運動30分前に長時間作用型のβ2吸入薬を吸入しておくとよい。その後、効果は10〜12時間持続する

30分後

図1 運動誘発性気管支ぜんそくの予防法

表1 ぜんそくを誘発しやすい競技、誘発しにくい競技

誘発しやすい競技	誘発しにくい競技
バスケットボール	ウェイトリフティング
サッカー	ウォーキング
長距離走	フットボール
自転車競技	テニス
アイスホッケー	水泳
フィギュアスケート	短距離走
クロスカントリースキー	

ルメテロール）を併用するなどして、気管支ぜんそくの治療状態を良好に保つことが大切です。

　長時間作用型のβ2吸入薬は運動の30分前に吸入しておくと、予防効果が10〜12時間持続するので、児童・生徒の場合は、登校前に吸入しておくと、体育授業やクラブ活動中も予防効果が持続するので便利で

す（図1）。

　いずれにしても、専門医に相談して、適切な診断と治療を継続するようにします。また、β2吸入薬やステロイド吸入薬はドーピングに該当しますから、競技に関係する選手は、あらかじめ申請することが必要です。

4 運動誘発性アナフィラキシー

食物＋運動により発症

　アナフィラキシーは、一般には薬や食物がアレルゲンになりI型アレルギーで発症しますが、運動誘発性アナフィラキシーは、運動を含む複数の因子が関与して発症します。特に食物は重要な因子であり、食物摂取と運動によって発症する食物依存性運動誘発性アナフィラキシーは、代表的な運動誘発性アナフィラキシーです。

　通常の食物アレルギーによるアナフィラキシーは、アレルゲンとなる食物を摂取したときに発症するのに対し、食物依存性運動誘発性アナフィラキシーでは、食物を摂取しただけでは発症せず、また、運動をしただけでも発症しません。アレルゲンとなる食物を摂取し、その後運動をすることによって発症します。要因となる食物としては、小麦、えび、果物が多く、複数の食物

を同時に摂取することによって起こる場合もあります。

予防と処置

　食物依存性運動誘発性アナフィラキシーの発症メカニズムはまだ解明されていませんが、予防への動きはあります。

　学校では給食直後の体育を控えるような動きがあります。食物依存性運動誘発性アナフィラキシーは、激しい運動だけではなく、散歩など軽い運動による発症もあり、運動強度との関係は不明です。

　アナフィラキシーショックでは、呼吸困難や血圧低下が著明であり、短時間で死亡に至ることもあります。症状が出たらすぐに救急車を呼び、医療機関で処置を施すことが大切ですが、医療機関から離れた地域でスポーツが行われることもあり、処置が間に合わないことも予測しなければなりま

せん。

　アレルギーの既往がある人は、緊急時に備えて、治療薬であるアドレナリンの自己注射薬（エピペン）を常に携帯していることが必要だと思います。専門医を受診して、エピペン（自然毒の項を参照）を処方してもらっておきましょう。

食物依存性の場合は、食後の運動を控える

図2 運動誘発性アナフィラキシーの予防法

≪15 呼吸器感染症

| 基礎知識

インフルエンザウイルス

インフルエンザはウイルスの感染によって発症しますが、インフルエンザウイルスは抗原性の違いからA型、B型、C型に大きく分類されます。流行するのはA型とB型で、A型はさらに多くの亜型に分類され、H1N1亜型などといわれます。

人以外の動物に感染するインフルエンザウイルスもあり、鳥インフルエンザや豚インフルエンザなどがあります。通常は鳥イ ンフルエンザウイルスや豚インフルエンザウイルスは動物から人には感染しませんが、濃厚な接触やウイルスの性質が変わること（変異）により、まれに動物から人に感染します。これらのウイルスは最初、人から人には感染しませんが、頻繁に変異し、鳥インフルエンザウイルスや豚インフルエンザウイルスが人から人へ感染するように変化することがあります。このように性質を変えたインフルエンザウイルスは新型インフルエンザと呼ばれています。

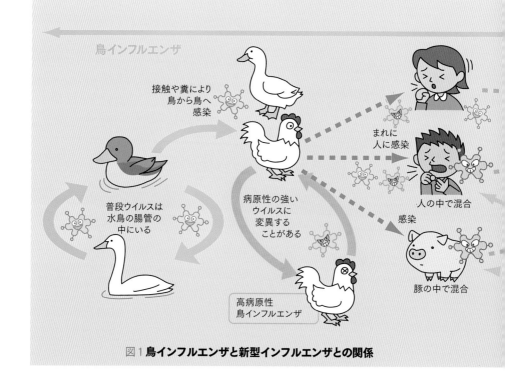

図1 **鳥インフルエンザと新型インフルエンザとの関係**

コロナウイルス

　コロナウイルスはこれまで通常の風邪の原因になるもの、重症急性呼吸器症候群（SARS:Severe Acute Respiratory Syndrome 2002年11月中国広東省で発生、2003年7月収束宣言）の原因になるもの、中東呼吸器症候群（MERS:Middle East Respiratory Syndrome 2012年6月サウジアラビアで発生、ラクダから人に感染)の原因になるものがありました。その後、

2019年12月以降、中国湖北省武漢を中心に新しいコロナウイルスによる肺炎が発生し、短期間に全世界に広がりました。

　このウイルスは COVID-19 と名付けられ、野生動物から人に感染したと考えられています。コロナウイルスは人を含む哺乳類や鳥類などに広く存在するウイルスで、変異しやすい性質を持っています。そのため、もともと動物が持っていたウイルスが動物から人に感染するようになり、その後、人から人へ感染するようになります。

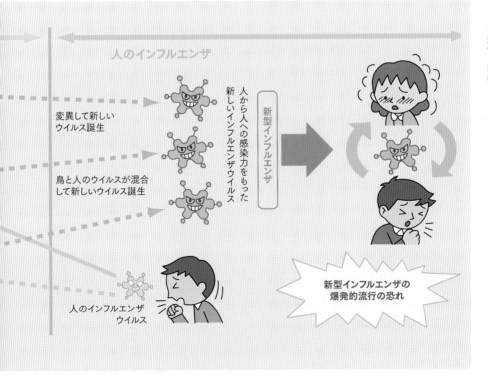

抗体と発病との関係

　人は一度あるウイルスに感染すると、そのウイルスに対して抗体を作ります。同じウイルスが２度目に体内に侵入すると、この抗体の働きでウイルスを退治することができ、発病することはありません（麻疹や風疹、水痘、ムンプスなど）。しかし、ウイルスなどの抗原に対して働く抗体は１対１の対応をしますので、抗原が少しでも変われば抗体は役に立ちません。また、抗体ができてから長時間経過すると、抗体の力が衰えて効果が弱くなってしまいます。

　インフルエンザウイルスは亜型があり、また頻繁に変異しその抗原性が変化しますので、一度インフルエンザにかかって抗体を作っても、翌年にまたインフルエンザにかかることはよくあります。これはコロナウイルスでも同様です。また、これまでに流行したことがない新型インフルエンザや新型コロナウイルスは、ほとんどの人は抗体をもっていませんし、ワクチンもありません。ですから、短期間に大流行する可能性が大きいのです。

かぜとインフルエンザ

　急性上気道炎、いわゆる"かぜ"もほとんどはウイルスの感染で発症しますが、インフルエンザほど全身症状は強くありません。のどの痛み、鼻汁、くしゃみや咳などは共通して見られますが、インフルエンザでは高熱、頭痛、関節痛、筋肉痛など強い全身症状が突然現れます。下痢や嘔吐を伴う胃腸炎もウイルス感染による場合が多く見られます。COVID-19（新型コロナウイルス）による肺炎では、高齢者や基礎疾患を持っている人が重症化することがわかっています。若い人では症状が軽く、通常のかぜの症状であることが多いようですが、重症化する場合もあり、未知の部分が多いので油断できません。

　集団で行動することが多いスポーツ選手は、チーム内で感染者がでるとチーム全体に蔓延することが考えられるので、チーム全員で感染予防、治療に対応することが必要です。

2 病院を受診したほうがよいか？

かぜの場合

　インフルエンザウイルスなど一部のウイルスでは有効な抗ウイルス薬がありますが、通常のかぜの場合、特効薬はなく症状を和らげるための薬を服用することが通常です。かぜの場合、ほとんどは、人が本来持っている治す力"免疫力"によって治っ

ていくものです。自宅療養が可能で、休養・栄養・水分補給などを十分摂ることによって回復することができます。水分補給には経口補水液（熱中症の項参照）が推奨されています。水分補給が困難なときは医療機関を受診しましょう。

　かぜ症状の場合、39℃以上の発熱、黄色や緑色に混濁した鼻汁、激しいのどの痛みと腫れ、咳が激しい、これらの1つでも当てはまれば医療機関を受診します。熱が38℃以下の場合や、鼻汁が透明、のどの痛みや咳が軽い場合は自宅療養でもよいでしょう。

　自宅療養で4日以上症状が改善しない場合は医療機関を受診してください。熱が38℃〜39℃の場合は、黄色や緑色に混濁した鼻汁、激しいのどの痛みと腫れ、咳が激しい、これらの症状が2つ以上見られるときは医療機関を受診します（表1）。

インフルエンザの場合

　インフルエンザは高熱、頭痛、関節痛、筋肉痛などの全身症状が急激に現れますから、医療機関を受診する場合は症状が出たらなるべく早く受診します。抗ウイルス薬による治療開始は、早期から実施することにより効果が期待できます。

　医療機関を受診する場合、他の人に感染させないような配慮が必要です。受診前に電話で相談し、診察が可能か、入り口は別か、受診時間はいつが良いかなど相談しておき、外出時は必ずマスクを着用します。

3 治療

まずは医療機関を受診

　インフルエンザは感染力が強く、体力が弱っている場合は肺炎や脳症など、重篤な合併症を起こすこともあります。ですから、医療機関でインフルエンザかどうか診断を受けて、その後の治療方針を相談することが必要です。

表1 **医療機関を受診する目安**

		症状		
自宅療養	←――― 38℃以下	発熱	39℃以上 ―――→	医療機関を受診
	←――― 透明	鼻汁	黄色・緑色 ―――→	
	←――― 軽い	のどの痛み	激しい・腫れ ―――→	
	←――― 軽い	咳	激しい ―――→	

※熱が38〜39℃のときは、ほかの症状が2つ以上見られるときに受診しましょう。（日医ニュース 第1056号 参照）

治療の基本は本人の治癒力

治療の基本は本人の免疫力を高めることです。日常的に適度な運動をしている人は、免疫力が高まることが証明されています。ですから、通常アスリートは免疫力が高いはずです。また、小児や高齢者と比較して、青年期は免疫力が高いものです。しかし、睡眠不足、栄養不足、疲労は免疫力が低下する原因になり、こういったときにインフルエンザなどに感染する危険が高まります。

インフルエンザにかかってしまったということは、これらの誘因により免疫力が低下していたと考えなければなりません。これを改善するためには、トレーニングを休んで休養をとり、できるだけ栄養価の高い食事と水分補給を心がけます。体調が悪い状態での練習や試合では、決してよい結果は生まれません。治るまでの期間が延びるばかりか、周囲の人に移すことにもなります。これはかぜのときと同じです。必ず完全休養としましょう。

抗インフルエンザ薬

抗インフルエンザ薬は、発症から 48 時間以内に服用を開始すると、発熱期間が 1 ～ 2 日間短縮されるといわれています。自然経過でも休養と栄養・水分摂取で 2 ～ 3 日で熱が下がりますから、必ずしも抗インフルエンザ薬が必要というわけではありません。食事や水分がとれるかなど、状態を見て、医師と相談して服用の必要性を決めてください。

解熱鎮痛薬

ウイルスに感染したときに発熱しますが、発熱によってウイルスは活性が低下し、これにより自然治癒の方向へ向かいます。しかし、解熱薬を使用すると熱は一時的に下がりますがウイルスの活性が高まり、解熱薬の効果が切れるときには再び熱が上昇します。このときの上昇は急激で、以前よりの高熱になることが多いので注意が必要です。また、罹病期間が長くなる可能性があります。水分が摂れるような状況なら解熱薬は使用しないことを勧めます。

解熱薬には種類が多数ありますが、インフルエンザに罹っているときに使用してはいけないものがあります（表 2）。特に 15

表 2 インフルエンザに使ってはいけない解熱鎮痛薬

サリチル酸解熱鎮痛薬 アスピリン、バファリン、 サリチゾン、E・A・C など
ジクロフェナクナトリウム ボルタレンなど
メフェナム酸 ポンタールなど

歳未満の小児では脳症など重篤な合併症を
おこす可能性があります。比較的安全に使
用できるのはアセトアミノフェン（カロ
ナール、アンヒバ、アルピニーなど）です。
食事や水分摂取ができないほどつらいとき
に使用するのが良いと思います。

隔離

　インフルエンザでは熱が下がっても、一
両日中は周囲に移す可能性があります。発
症してから 5 日以上、かつ、解熱してか

ら丸 2 日以上経つまでは、周囲の人との
濃厚な接触は避けるべきです。くしゃみや
咳による飛沫や接触によって感染します。
マスクをすれば飛沫を抑えることが可能
で、手洗いにより接触感染も防げます。で
すから、インフルエンザにかかった人はマ
スクをすること、周囲の人とは 2m 以内
に近づかないこと、やむを得ず近づくとき
はお互いにマスクをすること、やむを得ず
接触する前後には手洗いをすることが大切
です。これはかぜのときも同じです。

4 インフルエンザの予防

予防接種

　インフルエンザに対する予防方法として
世界的に認められているのは、インフルエ
ンザ HA ワクチンです。流行前に予防接種
を受けることが一般的な方法です。発病を
100%防ぐことはできませんが、もし発症
しても症状を軽くすることはできます。
　従来の季節性インフルエンザの流行は 1
月上旬から 3 月上旬がピークです。ワク
チンを接種してから抗体ができるまでに 2
週間くらいかかりますから、流行に備え
12 月中旬までに接種することが望ましい
と考えられます。

室内の加湿

　空気が乾燥するとのどの粘膜の防御機構
が低下し、ウイルスに感染しやすくなりま
す。また、乾燥している環境ではウイルス
の活動は活発になります。それを防ぐため
に室内を加湿するとよいでしょう。加湿器
などを使用して、50 ～ 60% に保ちます。

抵抗力を高める

　十分な休養で疲労を回復させること、バ
ランスのよい食生活を送ること、適度な睡
眠をとること、これらは免疫機能を高める
とされています。最近では免疫力を高める
ヨーグルトなどの食品もあります。日常生
活から予防を心がけることが大切です。

手洗い

インフルエンザウイルスは、患者の咳やくしゃみからの飛沫で感染します。直接飛沫を吸い込むことはほとんどありませんが、飛び散ったものが付着しているところに触れると、手にウイルスが付着します。外出中に手で口や鼻に触れないように心がけます。

帰宅時や、咳をしている人と接触したようなときは手洗いをしましょう。手洗いは石けんを使用して十分に行ってください（図2）。

タオルや水分補給のボトル、コップは、ほかの人と共用しないことも予防においては大切です。

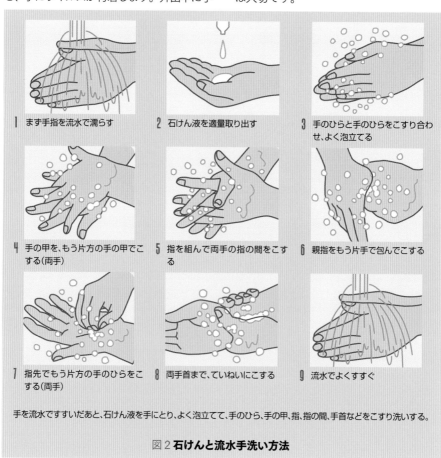

1　まず手指を流水で濡らす

2　石けん液を適量取り出す

3　手のひらと手のひらをこすり合わせ、よく泡立てる

4　手の甲を、もう片方の手の甲でこする（両手）

5　指を組んで両手の指の間をこする

6　親指をもう片手で包んでこする

7　指先でもう片方の手のひらをこする（両手）

8　両手首まで、ていねいにこする

9　流水でよくすすぐ

手を流水ですすいだあと、石けん液を手にとり、よく泡立てて、手のひら、手の甲、指、指の間、手首などをこすり洗いする。

図2 石けんと流水手洗い方法

接触を避ける

　疲れているときや睡眠不足など、自身の体調が悪いときは外出を控えます。人込みに出なければ感染の機会も減少しますし、休養をとることにもなります。また、外気は乾燥していますから、加湿した室内にいることも予防につながります。

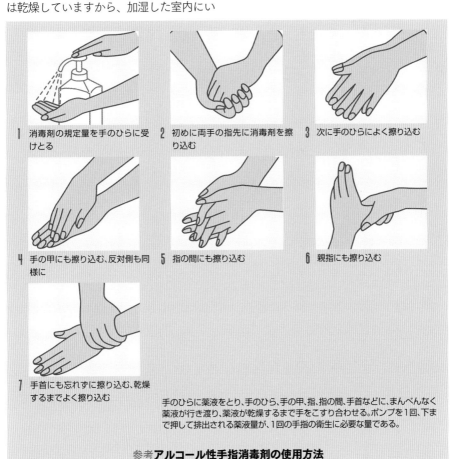

1　消毒剤の規定量を手のひらに受けとる

2　初めに両手の指先に消毒剤を擦り込む

3　次に手のひらによく擦り込む

4　手の甲にも擦り込む、反対側も同様に

5　指の間にも擦り込む

6　親指にも擦り込む

7　手首にも忘れずに擦り込む、乾燥するまでよく擦り込む

手のひらに薬液をとり、手のひら、手の甲、指、指の間、手首などに、まんべんなく薬液が行き渡り、薬液が乾燥するまで手をこすり合わせる。ポンプを1回、下まで押して排出される薬液量が、1回の手指の衛生に必要な量である。

参考アルコール性手指消毒剤の使用方法

COLUMN

練習で力を残すな！

私は27歳からボクシングを始め、29歳のときにボクシングの聖地である後楽園ホールで4回戦ボーイ（新人クラスの選手の愛称で、試合が4ラウンドなのでこう呼ばれます）として試合を行うことができました。このときに、意外にボクシングの指導方法が合理的だなと思いました。

そもそもプロボクシングは個人競技でプロですから、何事も自己責任という考えが強いこともあり、古い集団的指導のようなものはありませんでした。ジムでの練習は、始まりと終わりのストレッチなどを除けば、ロープ（縄跳び）、シャドウボクシング、サンドバッグ打ち、ミット打ち、スパーリングなど、すべて3分間動いて、30秒間の休みを1ラウンドとして練習を組んでいます。

4回戦ボーイと世界チャンピオンクラス（試合は12ラウンド）では、試合日程に合わせてのスパーリングの量に大きな差はありますが、トータルの練習量は4回戦ボーイも世界チャンピオンクラスも差はなく（当然レベルの差は歴然ですが）、1日あたりおおよそ15ラウンドくらいだったと記憶しています。正味1時間くらいで、30秒間の休みを挟んで1ラウンド3分間を全力で動き15ラウンド続けると、チャンピオンクラスでもこれくらいが限界かと思います。

世界チャンピオンになった渡嘉敷勝男選手がサンドバッグを打つと、床に汗の水たまりができるくらい、終わったときに余力がない練習でした。これは、その日の15ラウンドの練習内容が見えているからできるのだと思います。もちろん、才能があっても全力を出し切っていないように感じられる選手もいて、「努力に勝る天才なし」と言われる通りです。

いつ終わるか分からない練習だと、選手はその時々において全力を出し切ることをしなくなります。例えば、50mダッシュ10本と言われ、10本終わったときに、もう一丁となってそれが続くと、次の練習日から選手は10本のダッシュを全力で走らなくなります。練習がいつ終わるか分からないから、本能的に力を残すようになってしまいます。練習量が多くなるだけで、練習の質が低下し、次第に試合でも全力を出し切ることが出来ない頭（脳と心）と身体になってしまいます。苦しくなってからが練習だという考えもありますが、予定された練習に力を出し切ることにより、集中力を養い、これが試合にも活かされるのではないかと思います。

ですから、試合などを目標とした中長期的な練習計画はもちろん、毎日の練習においてもその内容をあらかじめ提示しておき、その時々に力を出し切る練習を心がけることが大切だと思いました。

参考文献 順不同

●鵜飼卓監修, 日本中毒情報センター編集:『急性中毒処置の手引き 第三版』, じほう, 1999 年.
●救急救命士標準テキスト編集委員会編集:『救急救命士標準テキスト 改訂第 10 版』, へるす出版, 2020 年.
●臨床スポーツ医学編集委員会編集:『予防としてのスポーツ医学』,
　臨床スポーツ医学臨時増刊号, 第 25 巻, 2008 年.
●根本学編集:『スポーツ外傷・障害と基本的な初期対応』, 救急医学, 第 31 巻, 第 6 号, 2007 年.
●「JRC 蘇生ガイドライン 2015」, 医学書院, 2016 年
●金岡恒治、赤坂清和編集:
　「ジュニアアスリートをサポートする医科学ガイドブック」, メジカルビュー社, 2015 年

著者
輿水健治

こしみず・けんじ／1955年生まれ。山梨県出身。1981年東京医科大学卒業、1985年大学院修了。同大学病院麻酔科、戸田中央総合病院を経て、埼玉医科大学総合医療センター救急科（ER）教授。埼玉県消防学校救急救命士養成課程専任教員も務める。日本ソフトボール協会医事委員長・理事を務めた経験をもち、この間、チームドクターとして女子日本代表合宿や国際試合に帯同した。日本の心臓震盪研究の先駆者的存在であり、現在では小中学生にAEDをはじめとする救命手当てを普及すべく活動を続けている。日本スポーツ協会公認スポーツドクター。日本臨床スポーツ医学会代議員。

れいわばん きそ まな きゅうきゅういがく
令和版 基礎から学ぶ! スポーツ救急医学

2020年6月30日 第1版第1刷発行

著者　　こしみずけんじ　輿水健治

発行人　池田哲雄
発行所　ベースボール・マガジン社
　　　　　〒103-8482 東京都中央区日本橋浜町2-61-9 TIE浜町ビル
　　　　　電話03-5643-3930（販売部）
　　　　　　　03-5643-3885（出版部）
　　　　　振替口座00180-6-46620
　　　　　http://www.bbm-japan.com/

印刷・製本　共同印刷株式会社